불안의 시대
이교도와
기독교인

불안의 시대 이교도와 기독교인

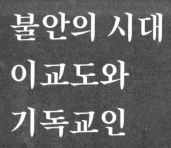

~

마르쿠스 아우렐리우스부터
콘스탄티누스까지
종교적 경험의 몇 가지 측면

에릭 R. 도즈 지음
송유레 옮김

Pagan and Christian in an Age of Anxiety

그린비

아서 다비 녹

영전(靈前)

| 일러두기 |

1 이 책은 E. R. Dodds, *Pagan and Christian in an Age of Anxiety: Some Aspects of Religious Experience from Marcus Aurelius to Constantine*, Cambridge University Press, 1965를 완역한 것이다.

2 주석은 모두 각주이며, 옮긴이 주는 별표(*)로 표시했다. 또한 원문에서 영역되어 있지 않은 라틴어/그리스어 번역을 비롯해 독자의 이해를 위해 옮긴이가 보충한 부분은 대괄호([ ])로 표시했다.

3 가독성을 위해 옮긴이가 문단을 추가로 나눈 곳들이 있다.

4 단행본·정기간행물·성경 및 고대 문헌 등의 제목에는 겹낫표(『 』)를, 논문·단편 등의 제목에는 낫표(「 」)를 사용했다.

5 외국어 고유명사는 옮긴이의 표기를 따랐으며, 필요한 경우 2002년 국립국어원에서 펴낸 외래어 표기법을 참고했다.

책을 펴내며

에릭 로버트슨 도즈(Eric Robertson Dodds, 1893~1979)는 북아일랜드 다운주 얼스터 출신으로 다면적인 사람이었다. 페니언* 단원이자 시인이었고(예이츠[W. B. Yeats]와 엘리엇[T. S. Eliot]의 친구였으며, 오든[W. H. Auden]과 맥니스[F. L. MacNeice]와 친분이 깊었다), 평생 동안 권위에 대항했지만 결국 스스로 권위자가 되어 1936년에서 1960년까지 옥스퍼드 대학에서 그리스어 흠정 강좌 담당교수직을 역임했다. 그는 위엄 있는 강단에서 가르쳤으며 열광적인 청중과 독자를 위해 에우리피데스의 『박코스의 여신도들』과 플라톤의 『고르기아스』에 관해 집필했다. 캘리포니아에서 한 강연들은 그의 가장 유명한 책 『그리스인들과 비이성적인 것』(1951)을 이루었다. 이 모든 연구의 특징은 그가 수치와 죄에 관한 인류학적 탐구에 영향을 받아 고대 문헌에 제기한 매우 현대적인 질문들에서 두드러진다. 그의 초창기 관심사 가운데 하나는 평생 열정의 대

---

* 페니언(Fenian)은 19~20세기에 활동했던 아일랜드 공화국 독립 운동 단체이다.

상으로 남았는데, 그것은 가장 훌륭한 초기 기독교 사상가들이 깊이 공감했던 플로티누스와 신플라톤주의자들에 대한 연구이다.

이 책『불안의 시대 이교도와 기독교인』은 단지 당시 이교도들과 기독교인들이 공유했던 것들에 관한 중요한 학술적 연구시민이 아니라, 거의 도즈 자신의 자화상이기도 하다. 그것은 반어적이고 엄숙하며 인간적이고 명석한 그의 모습과, 자신의 '불안의 시대'에 대해 당혹스러워하는 그의 반응을 그려 준다. 독자는 종종 이 책의 통일성이 저자가 제시한 전거에서 오기보다는 저자의 마음으로부터 온다는 것을 느낄 것이다. 동일한 시기에 대한 다른 설명은 훨씬 더 많은 불일치를 산출할 것이다. 하지만 도즈의 해석에 대한 독자층의 광범위하고 관대한 공감과 저자의 저술 활동에의 전념이, 이 책을 그의 뛰어난 연구들 중에서도 가장 주목할 만한 것들 가운데에 자리 잡게 했다.

1990년 케임브리지

헨리 채드윅

서문

이 작은 책은 1963년 5월 벨파스트의 퀸즈 대학에서 개설했던 강의에 기초한 것이다. 나는 와일즈 재단의 초청으로 네 개의 강연들로 이루어진 강의를 열 수 있는 영광을 누렸다. 강연들은 몇 개의 보충과 수정을 제외하고는 실질적으로 말한 대로 인쇄되었다. 나는 이 강연들을 일반 청중을 대상으로 했으며, 인쇄물의 형태로서 고대 사상이나 기독교 신학에 대한 전문 지식이 없는 일반 독자의 관심을 끌 수 있기를 희망한다. 다만 나는 내 주장의 근거가 되는 전거를 명시하고, 몇 가지 추가적 논변과 사변을 발전시킨 주석을 보충했다.

우선 와일즈 재단과 나의 벨파스트 방문을 기분 좋은 경험으로 만들기 위해 개인적으로 고생한 모든 이에게, 특히 퀸즈 대학의 부총장 마이클 그랜트 박사와 그랜트 여사, 오스틴 보이드 여사와 마이클 로버츠 교수에게 감사드린다. 또한 재단의 손님으로 내 강연들에 참석했고, 이어진 집담회에서 토론했던 이들에게, A. H. 암스트롱, H. 버터필드, 헨리 채드윅, R. 덩컨-존스, 피에르 아도, A. H. M. 존스, A. D. 모밀리아노,

H. W. 파크, 오드리 리치, S. 바인스톡과 G. 춘츠에게 매우 고맙다. 이 책 여기저기에서 그들이 저마다 이바지한 것들의 반향을 인지하길 희망한다. 그러나 이러한 집담회의 주된 가치는 (심지어 오늘날에도 여전히 너무나 자주 소심한 고립 속에서 추구되는) 여러 학문의 대표자들 사이에 이루어진 격식 없는 사고 교환에 있다.

출판을 위한 원고를 준비하며 나 자신의 지식이 매우 불완전한 분야의 전문가인 두 친구로부터 풍족한 도움을 받았다. 교부학 분야의 헨리 채드윅과 심리학 분야의 조지 데브뢰, 이들은 나를 수많은 잘못으로부터 구제해 주었다. 남은 잘못들은 오로지 나의 태생적인 고집 탓이다.

1963년 10월 옥스퍼드

E. R. D.

위의 글을 쓴 후, 나는 1964년 오슬로 대학 에이트렘 강의에서 이 강연들을 사용했다. 이 기회에 레이브 아문센 교수와 에일리브 스카르드 교수, 에길 윌러 박사와 다른 이들의 후한 대접과 유익한 비판에 감사를 드린다.

1964년 9월

E. R. D.

참고문헌 약어

각주에서 자주 인용되는 저서들의 제목은 축약된 형태로 주어진다. 상세한 서지사항은 아래에 제시되어 있다.

Cohn, *Pursuit of the Millennium*: N. Cohn, *The Pursuit of the Millennium*, 1957.

Daniélou, *Origen*: J. Daniélou, *Origen*, Eng. trans., 1955.

Dodds, *Greeks*: E. R. Dodds, *The Greeks and the Irrational*, 1951.

Festugière, *Personal Religion*: A.-J. Festugière, *Personal Religion among the Greeks* (Sather Classical Lectures), 1954.

Festugière, *Révélation*: A.-J. Festugière, *La Révélation d'Hermès Trismégiste*, 1944~54.

Grant, *Gnosticism*: R. M. Grant, *Gnosticism and Early Christianity*, 1959.

Harnack, *Mission*: A. Harnack, *Mission and Expansion of Christianity*, Eng. trans., 1908.

Jonas, *Gnosis*: H. Jonas, *Gnosis und spätantiker Geist*, 1934.

Kirk, *Vision*: K. E. Kirk, *The Vision of God*, 1931.

Labriolle, *Crise*: P. de Labriolle, *La Crise Montaniste*, 1913.

Labriolle, *Réaction*: P. de Labriolle, *La Réaction païenne*, 1934.

Les Sources de Plotin: Entretiens Hardt, V, 1960.

Miura-Stange, *Celsus u. Origenes*: A. Miura-Stange, *Celsus und Origenes, das Gemeinsame ihrer Weltanschauung*, 1926.

Momigliano, *Conflict*: A. Momigliano ed., *The Conflict between Paganism and Christianity in the Fourth Century*, 1963.

Nilsson, *Gesch.*: M. P. Nilsson, *Geschichte der griechischen Religion*, 1941~50.

Nock, *Conversion*: A. D. Nock, *Conversion*, 1933.

Reitzenstein, *Hell. Wund.*: R. Reitzenstein, *Hellenistische Wundererzählungen*, 1906.

Stace, *Mysticism and Philosophy*: W. T. Stace, *Mysticism and Philosophy*, 1960.

Völker, *Quellen*: W. Völker, *Quellen zur Geschichte der Christlichen Gnosis*, 1932.

Walzer, *Galen*: R. Walzer, *Galen on Jews and Christians*, 1949.

Zaehner, *Mysticism*: R. C. Zaehner, *Mysticism Sacred and Profane*, paperback edn., 1961.

플로티누스 인용

I, ii, 3.45의 형식으로 인용하는데, 마지막 숫자는 앙리(P. Henry)와 슈비처(H.-R. Schwyzer)의 비판본의 행을 가리킨다. 단, 『엔네아데스』 6권의 경우, 앙리-슈비처 비판본이 아직 나와 있지 않기 때문에 예외적으로 브레이에(E. Bréhier)의 비판본의 행을 가리킨다.*

---

* 앙리-슈비처의 대비판본(editio maior: H-S¹)은 1973년에 완간되었다. P. Henry and H.-R. Schwyzer eds., *Plotini Opera*, Paris, Desclée, de Brouwer, 1951~1973 (Tomus I: *Porphyrii vita Plotini. Enneades I~III*, 1951; Tomus II: *Enneades IV~V. Plotiniana Arabica*, 1959; Tomus III: *Enneades VI*, 1973). 앙리-슈비처의 소비판본(editio minor: H-S²) 또한 다음과 같이 발간되었다. P. Henry and H.-R. Schwyzer eds., *Plotini Opera*, Oxford, Oxford University Press, 1964~1982 (Tomus I, 1964; Tomus II, 1977; Tomus III, 1982).

나는 훨씬 더 가까운

나 자신의 황량한 장소들로

나 자신을 두렵게 할 수 있다.[*]

—로버트 프로스트

---

* 로버트 프로스트(Robert Frost, 1874~1963) 「황량한 장소들」(Desert Places)의 마지막 구절이다.

차례

불안의 시대
이교도와 기독교인

1장 인간과 물질적인 세계

> 삶의 무의미한 부조리성은 인간이 접근할 수 있는
> 지식 중에서 이론의 여지가 없는 유일한 것이다.
> ―톨스토이

이 책을 태어나게 한 와일스 트러스트는 '문명사 연구를 진흥시키고 역사적인 사유를 일반 관념의 영역으로 확장하는 것을 장려하기 위해' 설립되었다. 여러 강의를 묶은 이 책이 어떤 방식으로 그 목적에 이바지할 수 있을지는 아마 저명한 고대사학자들의 두 가지 발언을 인용함으로써 가장 잘 보여 줄 수 있을 것이다. 『로마 제국의 사회경제사』의 마지막 장에서 로마 제국의 쇠망을 설명하기 위한 수많은 정치적·경제적·생물학적 이론을 검토하고 비판한 후, 로스톱체프는 마침내 심리학적 설명으로 전회했다. 그는 사람들이 지닌 세계에 대한 전망의 변화가 "가장 강력한 요소 중의 하나"라는 견해를 피력했으며, 이 변화에 관한 진전된 연구가 "고대사 분야에서 가장 시급한 과업 중에 하나"라고 덧붙였다. 나의 두 번째 인용의 출처는 닐슨 교수의 『그리스 종교사』의 마지막 장이다. 그는 다음과 같이 썼다. "최근 몇십 년 동안 활발히 추진된 고대 후기의 제설혼합주의에 대한 연구는 주로 믿음과 교리에 관한 것이었고, 그것들이 자라 나오고 양분을 취했던 정신적인 토양은 단지 지나가는 말과 일반적인 용어로 건드리기만 했다. 하지만 그것이 문제의 핵심이자 가장 중요한 요소이다." 그는 계속해서 고대 후기의 종교적 경험에 대한 '윌리엄 제임스식'의 연구를 위해서라면 구할 수 있는 자료가 넘친다고 지적했다.[1]

나는 이 두 인용이 내가 이 강연들에서 무엇을 시도하려는지 충분히 암시하길 바란다. 정신적 전망의 변화, 그것과 물질적 쇠망의 관계를 완전하게 설명하는 것은 내 능력을 넘어선 과제이다. 하지만 나는 닐슨이 지적한 특수한 영역 내에서 무엇이 일어났고, 심지어 어떤 경우에는 왜 일어났는지에 대한 보다 나은 이해를 위해 이바지할 수 있도록 노력할 것이다. 이 강연들은 제임스가 의미하는 종교적 경험에 관한 것이다.[2] 만약 내가 이교의 철학적 이론이나 기독교의 종교적 교리의 전개를 건드린다면, 오직 개인들의 사적인 경험의 배경을 제공하기 위한 것이다. 나는 숭배의 외적인 형식들은 전혀 다루지 않을 것이다. 예를 들어, 소위 '신비종교들'과 그것들이 기독교 제의에 끼친 영향을 논하지 않을 것이다. 왜냐하면 그것들은 드문 예외를 제외하고는 나의 현재 목적에 적합한 것을 전혀 제공하지 않기 때문이다. 기독교 교부들의 논쟁적인 주장들 외에 그것들에 대한 전거는 주로 비문에 적힌 것인데, 비문들은 그 아래 놓인 개인적인 경험에 대해 그다지 많은 것을 말해 주지

---

1) M. Rostovtzeff, *Social and Economic History of the Roman Empire*, 1926, p. 486; Nilsson, *Gesch.*, II, p. 682.
2) 제임스는 그의 목적을 위해서 종교를 "고독한 개별 인간들이 무엇이든 그들이 신성하다고 여기는 것과의 관계 속에 서 있는 자신들을 파악하는 한에서 갖는 느낌, 행동, 경험"으로 정의했다. W. James, *The Varieties of Religious Experience*(Fontana Library edition), Lecture ii, 1902, p. 50.

않는다. 가장 눈에 띄는 예외는 아풀레이우스의 『변신』 마지막 권에 제시된 이시스 입문식에 대한 유명한 설명이다. 그것에 대해서는 녹, 페스튀지에르와 다른 이들이 철저하게 논했기 때문에 내가 덧붙일 게 없다.[3]

　이렇게까지 제한해도 로스톱체프와 닐슨이 제안한 연구 주제는 여전히 너무 방대하다. 필론과 성 바울에서 시작해서 아우구스티누스와 보에티우스에서 끝나는 이야기는, 설령 내가 전부를 이야기할 능력이 있다 해도 네 개의 강연에서 전하기에는 너무 길다. 그러므로 나는 마르쿠스 아우렐리우스의 즉위와 콘스탄티누스의 개종 사이의 주요한 시기에 집중하는 것이 최선이라고 판단한다. 이 시기에 물질적 쇠망이 가장 급격했고, 새로운 종교적 감정의 흥분이 최고로 고조되었다. 나는 그 시기를 '불안의 시대'라고 부르면서 물질적인 불안정과 도덕적 불안정을 모두 염두에 두고 있다. 이 표현은 내 친구 오든이 만들어 냈는데, 추측건대 그는 그것을 우리 자신의 시대에 위와 유사한 이중적 의미로 적용했다. 역사를 편리한 크기로 쪼개서 그것들을 '시기'나 '시대'로 부르는 것에는 물론 단점이 있다. 엄격히 말하자면, 시기들이란 역사에는 없고, 오직 역사가에게만 있다. 실제 역사는 나날이 유유히 흐르는 연속체이다. 그리고 뒤늦은 깨달음으로 우리가 그것을 결정적인 시기별로 자를 수 있게 될 때도 늘 시간의 지연과 중복이 있다.

　마르쿠스 아우렐리우스가 황위에 올랐을 때, 로마의 평화(pax Romana)가 종국에 임박했고, 이민족 침입과 유혈 내란, 재발하는 전염병, 급성 인플레이션과 극심한 개인적 불안의 시대가 뒤따르리라는 경

---

3) Nock, *Conversion*, ch. ix; Festugière, *Personal Religion*, ch. v.

종은 세상에 울리지 않았다. 오랫동안 대다수의 개인은 늘 생각한 대로 생각하고 느꼈던 대로 느끼길 지속해야만 했다. 새로운 상황에 대한 적응은 오로지 점진적으로 이루어졌다. 더 놀랍게도, 이와 반대되는 순서로 일이 일어나기도 했다. 도덕적·지적 불안정이 물질적 불안정을 예견하게 했다. 융은 어디선가 "1933년보다 오래전에 이미 공기 속에 타는 냄새가 희미하게 있었다"고 말했다.[4] 같은 방식으로 우리는 『숭고에 관하여』의 마지막 장에서 그리고 에픽테토스와 플루타르코스의 어떤 구절들에서, 제일 분명하게는 영지주의에서 앞으로 올 것들을 미리 맛볼 수 있다. 영지주의의 가장 유명한 대표주자들인 사투르니누스, 바실레이데스, 발렌티누스와 (우리가 그를 영지주의자로 간주한다면) 마르키온은 안토니누스 평화의 번영기에 그들의 체계를 구축했다.[5] 이러한 이유로 나는 전거에 따라 필요한 곳에서는 나의 연대기적 경계를 다소 유연하게 다룰 것이다.

　　나는 또 하나의 고백과 함께 이 서설을 끝내고자 한다. 이 시대에 대한 역사가들의 해석은 불가피하게 어느 정도 그들 자신의 종교적 믿

---

4) C. G. Jung, *Essays on Contemporary Events*, Eng. trans., 1947, p. 51. Cf. *Ibid.*, p. 69: "히틀러의 시대가 오기 오래전에, 사실 1차 세계대전이 있기 전에, 이미 유럽에서 일어나고 있었던 정신적 변화의 징후들이 있었다. 중세적인 세계의 그림은 부서졌고, 이 세상 위에 놓여 있던 형이상학적 권위는 빠르게 사라지고 있었다."

5) (Longinus), *De sublim.*, 44.6 ff., 감정의 노예가 된 세계: Epict., 3.13.9 ff., 로마의 평화의 외적인 안정성과 인간 조건의 본질적인 불안정성의 대조: Plut., *De superstit.*, 7, 168 CD, 죄의 새로운 의미 (Cf. *Greece & Rome*, 2, 1933에 실린 나의 논문, pp. 101 ff.)와 *Is. et Os.*, 45~6, 369 B ff.의 급진적인 이원론. 영지주의가 단순히 물질적 궁핍에 대한 반응이라는 주장이 지니는 연대기적 문제에 대해서는 Jonas, *Gnosis*, I, pp. 64 f.를 보라. 같은 방식으로 에리히 프롬이 전개한 사변들은 연대기의 암초에 걸려 침몰한다(E. Fromm, *The Dogma of Christ*, Eng. trans., 1963). 그는 3세기 사회적 상황이 사실상 훨씬 이전에 시작한 교리의 변화에 책임이 있다고 주장했다.

22 불안의 시대 이교도와 기독교인

음에 물들어 있다. 그러므로 독자가 적절하게 용납할 수 있도록 내가 내 관심사를 밝혀야 옳다. 사실, 그것은 일종의 무관심이다. 불가지론자로서 나는 기독교의 승리를 창조의 전 과정이 향하는 신적인 사건으로 보는 사람들의 관점을 공유할 수 없다. 그러나 마찬가지로 나는 그것을 프로클로스가 "이민족의 신지학"[6]이라고 부른 것에 의해 헬레니즘의 햇빛이 가려진 결과라고 볼 수 없다. 이 책에 수록된 강연들에서 기독교인보다 이교도에 대한 논의가 많다면, 그것은 내가 이교도를 더 좋아해서가 아니다. 단지 내가 그들을 더 잘 알아서이다. 나는 이 특수한 투쟁 위에 있는 것이 아니라, 바깥에 있다. 나는 쌍방을 가르는 문제들보다 함께 묶어 주는 태도와 경험에 더 관심이 많다.

1장에서 나는 세계와 인간 조건에 대한 일반적인 태도를 논할 것이다. 2장과 3장에서는 몇 가지 특수한 유형의 경험을 논할 것이다. 조제프 비데즈는 우리가 다루는 시기를 다음과 같이 묘사한다. "[그 시기에] 사람들은 외부 세계를 관찰하고, 이해하려고 노력하며, 이용하거나 개선하기를 그만두었다. 그들은 그들 자신에게 몰두했다. 천체와 세계의 아름다움이라는 관념은 유행이 지났고 무한의 관념으로 대체되었다."[7] 어떻게 이러한 변화가 발생했는가? 그것을 "기독교 가르침에 따른 지상적 삶의 평가절하"와 연결한 프로이트가 옳았는가?[8]

고대 후기가 아리스토텔레스와 헬레니즘 시대 천문학자들로부터

---

6) Proclus, *In Remp.*, II, 255.21 Kroll.

7) J. Bidez in *The Cambridge Ancient History*, XII, 1936, p. 629.

8) S. Freud, *Civilization and its Discontents*, Eng. trans., 1930, p. 45.

물려받은 물리적인 우주관을 상기하는 것에서 출발하자.[9] 지구는 공간에 매달린 공으로 동심원 운동을 하는 천체들 체계의 중심에 위치한다. 먼저 지구를 뒤덮은 두껍고 탁한 대기가 오고, 이것이 달까지 이른다. 달 너머로 계속해서 해와 다섯 행성이 있다. 이것들 너머 다시 여덟 천구가 있는데, 이것들은 물질 원소들 가운데 가장 순수한, 불타는 에테르로 구성되어 있으며, 지구 주위를 매일 회전하면서 항성들을 함께 옮긴다. 사람들은 거대한 전체 체계를 신적인 질서의 표현으로 보았고, 그 자체로 아름답고 경배할 만하다고 느꼈다. 그리고 그것이 스스로 움직이기 때문에 살아 있거나 살아 있는 정신에 의해 정보를 제공받는 것으로 생각되었다. 이 정도까지가 에피쿠로스주의를 제외한 모든 철학 학파의 공통된 기조였으며, 그리스 전통에서 교육받은 거의 모든 이들에게 우리가 다루는 시기와 그 너머까지 공통된 기조로 남았다.

그러나 사람들은 이 우주의 부분들이 '공감'(sympatheia), 무의식적인 생명의 공유로써 연결되어 있다고 믿었지만, 부분들에 부여된 지위와 가치는 달랐다. 아리스토텔레스는 플라톤의 암시에 따라, 우주의 지도를 가로질러 하나의 선을 그었으며, 그 경계선이 일반적으로 수용되었다. 그 경계선 위에, 즉 달 너머에 "계급별로, 불변하는 법칙의 군대"[*]로서 별들이 움직이는 불변의 하늘들이 놓여 있다. 그 아래로는 달 아래 세계, 즉 우연과 변화와 죽음의 영역이 놓여 있다. 그리고 수많은 저택

---

9) 이 세계관의 일반적인 종교적 영향에 대해서는 다음을 보라. M. P. Nilsson, "The New Conception of the Universe in Late Greek Paganism", *Eranos*, 44, 1946, pp. 20 ff.

* G. Meredith, "Lucifer in Starlight", 1883의 마지막 부분이다.

이 있는 이 반짝이는 집에서 지구는 가장 하찮은 거처로 나타났다. 지구는 단지 우주의 찌꺼기와 침전물 덩어리로, 그것의 무게 때문에 우주의 중심으로 가라앉은 차갑고 무거우며 불순한 물질로 간주되었다.

시간이 흐를수록, 이러한 전통적인 천상 세계와 지상 세계의 대립은 점점 더 강하게 강조되었고,[10) 도덕적 교훈을 주기 위해 더욱더 많이 사용되었다. 우리는 우주를 가로지르는 영혼의 비행(飛行)이라는 반복되는 화제 속에서 — 그것은 꿈이나 죽음 이후 또는 때로는 깨어 있는 명상 상태에서 일어나는 것으로 상상되는데 — 달 아래에서 행하거나 당하는 만사에 대해 경시하는 풍조가 증가하고 있음을 추적할 수 있다. 지구가 이 우주의 방대한 공간에 비해 물질적으로 아주 작다는 것은 천문학자들에 의해 지적되어 온 바이다. 지구는 우주의 지도 위에서 한 점 (stigma, punctum)에 불과하다.[11)

도덕주의자들은 일찍이 이 관찰을 인간 소망의 헛됨에 대한 설교를 위해 사용했다. 그것은 키케로, 세네카, 켈수스에게도 나타나고, 위-아리스토텔레스의 『세계에 관하여』와 천상 여행을 풍자한 루키아노스의 『이카로메닙푸스』에도 나온다.[12) 이것은 아마 문학적 유행에 불과

---

10) 논리상, 기독교는 하늘과 땅이 똑같이 신의 피조물이며 똑같이 파멸할 것이라고 주장하므로 이 대립을 부정하거나 적어도 약화할 수 있으리라 기대해 볼 수 있다. 그러나 오직 6세기 요한네스 필로포노스가 이러한 시도를 한 것으로 보이며, 그의 시도는 인상적이지 못했다. '천상적=신적'이라는 오랜 등식이 너무나 확고하게 인간 상상에 자리 잡고 있었다. S. Sambursky, *The Physical World of Late Antiquity*, 1962, 6장을 보라.

11) Geminus (c. 70 B. C.), 16.29, p. 176.7 ff. Manit.; Cleomedes, 1.11.56, p. 102.21 ff. Ziegler. Cf. Festugière, *Révélation*, II, pp. 449 ff.

12) Cic. *Somn. Scip.*, 3.16; Sen., *N. Q.* 1, praef. 8; Celsus *apud* Origen, *c. Cels.*, 4.85; (Ar.), *De mundo*, 1, 391 a 18 ff.; Lucian, *Icar.*, 18. 여기에서 가장 부유한 토지 소유자는 '에피쿠로스적 원자 하나'를

할 수 있다. 이 모든 작가는 지금은 소실된 그리스의 전범(model)을 베끼고 있을 수도 있다. 그러나 그러한 생각을 천상 여행의 인위적인 맥락에서 떼어 내어, 꽤 새로운 밀도를 가지고 다양한 형태로 사용하면서 실제로 자기 자신의 것으로 만든 작가는 마르쿠스 아우렐리우스이다. 그에 따르면, 지구가 무한한 공간 속의 한 점이듯이, 인생은 무한한 시간 속의 한 점, 두 영원 사이의 칼날——영원의 점(stigmê tou aiônos)이다.[13] 인간의 행위들은 "연기이자 허깨비"이다. 그에게 주어진 상(賞)은 "잡기도 전에 사라지는, 지나쳐 날아가는 새"이다. 군대의 충돌은 "뼈다귀 하나를 둘러싼 강아지들의 싸움"이다. 사르마티아에서 승전한 마르쿠스 자신의 위용은 파리를 잡은 거미의 자기만족으로 묘사된다.[14] 마르쿠스에게 이것은 빈 수사(修辭)가 아니다. 그것은 인간 조건에 대한 견해이며, 지극히 진솔한 발언이다.

　　마르쿠스에게 그러한 견해는 인간 행위가 중요하지 않을 뿐만 아니라, 어떤 의미에서는 실로 실제적이지 않다는 느낌과 연결되어 있다. 이 느낌은 또 다른 고대의 화제, 숱한 반복으로 인해 우리에게 진부해진

　　개간하는 것으로 보인다. 이 모든 글은 페스튀지에르의 위의 책에 전부 인용되어 있다. Plot., III, ii, 8,6(타일러[W. Theiler]의 주석) 참조. 천상 여행 일반에 대해서는 최근 J. D. P. Bolten, *Aristeas of Proconnesus*, 1962, 7장을 보라.

13) M. Ant., 6.36. Cf. 4.3.3, τὸ χάος τοῦ ἐφ' ἑκάτερα ἀπείρου αἰῶνος[무한한 영원의 양쪽 사이 틈]: 9.32; 10.17; 12.32. 공간으로부터 시간으로 다시 발상을 전환하는 것은 새로운 것이 아니었다. Cf. Sen., *Epist.* 49.3; Plut. (?) *De educ.*, 17, 13 A, *Cons. ad Apoll.*, 17, 111 C. 하지만 마르쿠스는 그것을 새로운 강력한 확신과 함께 표현했다. 그리고 그의 공책들은 사적인 성격으로 인해 일반 청중을 대상으로 설계된 세네카의 편지나 플루타르코스의 논고 또는 에픽테토스의 설교보다 '고독한 개인의 느낌들'을 더 잘 증언한다.

14) M. Ant., 10.31; 6.15; 5.33; 10.10. 기원후 176년에 기념한 승전을 조롱하는 언급이다.

세계와 무대, 인간과 배우 또는 꼭두각시 인형의 비교에 표현되어 있다. 이 비교는 긴 역사를 가지고 있다. 그것은 플라톤의 『법률』 두 문단에서 출발하는데, 거기에서는 "남자와 여자는 대부분 꼭두각시 인형이며, 그들 안에 오직 미미한 실제성을 지니고 있다"라고 말한다. 신이 그들을 단지 장난감으로 설계했는지 아니면 보다 심각한 어떤 목적을 위해 만들었는지는 의혹 속에 있다.[15] 플라톤 이후 견유주의자들과 회의주의자들이 꼭두각시 이미지를 사용했다. 보리스테네스 출신 비온에게는 우연(tychê)이 극작가이고, 아낙사르코스와 모니모스에게는 우리가 '실재'라 부르는 것이 무대 장치이며, 그것에 대한 우리의 경험은 꿈이나 환상에 불과하다.[16] 크뤼시포스부터 스토아주의자들은 그 비교를 한층 더 관례적으로 사용했는데, 세계의 제작을 위해 온갖 것이 필요하다는 진부한 교훈을 지적하거나, 세네카와 에픽테토스처럼, 아주 사소한 부분에서조차 최선을 다해야 함을 강조하기 위해서였다.[17] 오직 마르쿠스 아우렐리우스에게서 비실재성에 대한 암시가 재등장한다. 예를 들어, 그는 인생에 대한 일련의 이미지를 짤막하게 기록했는데, 그것은 "무대 놀이와 행렬의 허풍"에서 시작해서 "끈에 의해 갑자기 움직이는 인형들"로 끝나며, 그 사이에 가짜 전투, 강아지들에게 뼈다귀를 던져 주거나 물고기에서 빵 부스러기를 던져 주는 것, 개미들의 헛된 근면과 공포에 질린

---

15) Plato, *Laws*, 804 B, 644 D~E. Cf. Dodds, *Greeks*, pp. 214 f., p. 229; H. D. Rankin in *Eranos*, 60, 1962, pp. 127~31.

16) Teles, p. 5.1 Hense; Sext. Emp., *Adv. math.*, 7.88.

17) Chrysippus, *SVF* II, 1181; Sen., *Epist.* 77.20; Epict., 1.29.39~43; 4.1.165; 4.7.13. 알렉산드리아의 클레멘스 또한 그러하다. *Strom.*, 7.11.65 참조. 무대 비교의 다양한 적용에 관해서는 다음을 보라. R. Helm, *Lucian und Menipp*, 1906, pp. 45 ff.

쥐의 헛된 질주가 나온다. 다른 곳에서 그는 우리의 감각적 삶 전체를 "꿈이자 허상"이라고 말한다.[18]

플로티누스가 말년에 플라톤과 스토아주의자들에 기대어, 인생의 위대함과 비참함을 무대 공연에 비추어 해석한 길고 눈부신 문장에는 상당 부분 이와 같은 느낌이 놓여 있다. 그는 노년의 플라톤과 마찬가지로 다음과 같이 생각했다. 인간에게 가장 진지한 것이 신에게는 한갓 놀이이다. 즉, "아름답고 사랑스러운 살아 있는 인형들에 의해" 세계 극장에서 공연되는 연극이다. 인형들은 자신을 인간으로 착각하고 그에 맞추어 괴로워하지만, 사실상 그들은 내적 인간, 유일하게 참된 존재이자 진실로 실체적인 인간의 외적인 그림자에 지나지 않는다.[19] 이러한 생각은 행위란 언제나 "관조의 그림자이며 그것의 하위 대체물이다"[20]라

---

18) M. Ant., 7.3; 2.17.1: τὰ δὲ τῆς ψυχῆς ὄνειρος καὶ τῦφος[영혼의 꿈과 허상]. 여기에서 '영혼'(psychê)은 '정신'(nous)을 제외한 것으로 이해되어야 한다(12.3에 나오는 인간의 3분설). 또한 세상에서의 존재를 꿈으로 보는 견해는 6.31을 보라. 인생과 꿈의 비교는 고전기 그리스 시(詩)에서부터 익숙한 것이다(Pindar, Pyth., 8.95 ff.; Aesch., P.V., 547 ff.; Aristoph., Birds, 687). 그러나 고대 후기에 철학자들은 그것을 다시 진지하게 반복했는데, 이것은 부분적으로는 플라톤의 『국가』 476 C에 근거한 것이다. 마르쿠스의 동시대인들과 알비누스(Epitome, 14.3)와 튀로스의 막시무스(10.6)한테서 나타나지만, 가장 완전한 형태로 발전된 것은 플로티누스(III, vi, 6.65 ff.)와 포르피리오스(De abst., 1.27 f.)에 의해서이다. 그들에게 그 생각은 비유 이상을 의미했다. 다른 예들은 R. Merkelbach, Roman und Mytsterium in der Antike, 1962, p. 315, n. 2에 인용되었다. 최근 출판된 발렌티누스파 영지주의 문헌인 『진리의 복음』(Evangelium Veritatis)에서 이 비교가 현저히 강화되었다. 거기에서 이 세상의 삶은 한층 더 정교하게 꿈이 아니라, 악몽에 비유되었다(pp. 28.26~30.14 Malinie-Puech-Quispel).

19) Plot., III, ii, 15. 이 주제는 16~18장에서 자유 의지의 문제와 함께 더 상세히 다루어진다(인형 이론은 인간의 도덕적 책임 회피를 위해 사용되어서는 안 된다). 암스트롱 교수가 나에게 지적해 주었듯이, 플로티누스에게는 오직 '외적인 인간'만이 인형인 데 비해, 플라톤의 『법률』에서는 가장 진지한 인간 행위들이 일종의 놀이로 다루어진다(803 C; cf. Epin., 980 A). 플로티누스의 '내적 인간'의 위상에 대해서는 뒤의 111쪽 이하를 참조하라.

20) Plot., III, viii, 4.

는 그의 일반적인 가르침과 연결된다. 도시들이 함락당하고, 남자들이 몰살당하고, 여자들이 유린당할 때, 그것은 끝없는 드라마 속의 덧없는 순간일 뿐이다. 다른 더 훌륭한 도시들이 어느 날 다시 일어설 것이며, 범죄로 잉태된 아이들이 그들의 아비보다 더 훌륭한 사람으로 입증될 수도 있다.[21] 이것이 그의 시대의 비극적 역사에 대한 그의 최종적인 발언인 것으로 보인다.

이처럼 경멸적인 체념의 태도는 플로티누스로부터 이후 신플라톤주의학파로 ── 이교적 학파뿐만 아니라 기독교적 학파로도 ── 전수되었다. 예를 들어, 니사의 그레고리오스에게 인간사는 금방 씻겨 사라질 모래성을 쌓는 어린이들의 놀이일 뿐이었다. 다니엘루 신부가 말하듯이, 그의 전 작품은 이 감각적 세계의 비실재성, 그가 포르피리오스의 한 구절을 되풀이하여 마술적 환영(γοητεία)이라고 부른 것에 대해 느낀 심오한 감정으로 관통되어 있다.[22] 아우구스티누스는 "이 삶은 인류의 희극일 뿐이다"라고 선언한다.[23] 그와 보에티우스로부터 그 이미지는 이후 도덕주의자들과 시인들의 레퍼토리 속으로 들어갔는데, 그것의 긴 이력은 에른스트 쿠르티우스가 연구했다.[24] 그러나 그러한 태도가 심지

---

21) Plot., III, ii, 18.15 ff. 기원후 269년, 플로티누스가 이 말들을 적었을 무렵 비잔티움은 자신의 수비대에 의해 약탈당했으며 몇년 전에는 아우툰(Autun)이 군사와 농부 무리에 의해 강탈당했다. I, iv, 7.18 ff.에 나오는 웅변적인 구절은 아우구스티누스가 힙포가 점령당했을 때 인용했다(Possidius, *Vit. Aug.* 28).

22) Greg. Nyss., *P. G.*, 44, 628 C, 428 C. Cf. Plot., IV, iii, 17.27, πεδηθεῖσαι γοητείας δεσμοῖς[(영혼들은) 마법의 사슬에 묶여 있다]; Porph., *De abst.*, 1,28, τὸ γοήτευμα τῆς ἐνταῦθ' ἡμῶν διατριβῆς[여기 우리의 여정에 따르는 마법]. J. Daniélou, *Platonism et théologie mystique*, 1944, p. 182.

23) Augustine, *Enarr. ad. Ps.*, 127. 포르피리오스는 인생을 희비극이라고 부른다(*Ad Marc.*, 2).

24) E. R. Curtius, *European Literature and the Latin Middle Age*, Eng. trans., 1953, pp. 138~44.

어 고대에도 철학자들과 신학자들에게만 국한되어 있었다고 가정하는 것은 잘못이다. 그것은 모든 형이상학적 어조에서 벗어나, 이교 시인 팔라다스의 유명한 비명에 감동적으로 표현되어 있다.

σκηνὴ πᾶς ὁ βίος καὶ παίγνιον· ἢ μάθε παίζειν

τὴν σπουδὴν μεταθείς, ἢ φέρε τὰς ὀδύνας.[25]

세상은 무대이고 인생은 장난감. 놀기를 배워라
진지함은 딴 데 두고, 아니면 괴로움을 참아라.

팔라다스는 4세기에 살았다. 그러나 이미 3세기에 그의 느낌을 공유했던 사람들이 많았음이 틀림없다. 플로티누스와 동시대인인 퀴프리아누스의 말을 고려해 보라. 그가 말하길, "오늘날 세상은 스스로 말한다. 그것은 자기 쇠망의 증거로써 자신의 해체를 고지한다. 농부들은 농촌에서 사라지고, 상업은 바다에서, 군사들은 병영에서 사라지고 있다. 사업에서 모든 정직이 사라지고, 법정에서 모든 정의가, 우정에서 모든 연대가, 기술에서 모든 솜씨가, 도덕에서 모든 기준이, 모든 것이 사라지고 있다".[26] 우리는 여기에서 약간의 수사적인 과장을 허용해야만 한다.

---

25) *Anth. Pal.*, 10.72.

26) Cyprian, *Ad Demetrianum*, 3(*Corpus Scriptorum Ecclesiasticorum Latinorum*, III, i, 1868, p. 352). 인간 조건에 대한 아르노비우스의 끔찍스러운 묘사(*Adv. nat.*, 2.45~6)를 참조하라. 오리게네스는 다음과 같이 암울한 예견을 제공한다(*Comm. in Matt., series* 36). "이 방대하고 놀라운 세계의 창조는 … 그것이 쇠망하기 전에 필연적으로 약해져야 한다. 그러므로 땅은 지진에 의해 더 자주 흔들릴 것이고, 대기는 유독해질 것이며, 전염병을 일으킬 것이다." 그는 계속해서 약탈과 계급투쟁을 가져

그러나 나는 퀴프리아누스의 묘사가 대체로 참이라는 데에 역사가들이 동의할 것이라고 생각한다. 자신을 그와 같은 세상과 동일시하고, 그 안에서 살고 일하는 것을 진지하게 여기는 것은 보통 사람이 지니는 것보다 더 많은 용기를 요구했음이 틀림없다. 그것을 환상이나 나쁜 농담으로 다루는 게, 그리고 가슴이 찢어지는 것을 피하는 게 낫다.

마르쿠스 아우렐리우스, 플로티누스와 팔라다스는 그리스 전통에서 양육된 사람들로, 바로 그 전통의 한계 안에서 생각하고 느꼈다. 그들은 플라톤과 더불어 월하 세계에 "필연적으로 악이 출몰한다"[27]는 것을 인정했으며 세계 내의 인간 행위가 부차적이고, 덜 진지하고, 충분히 실재적이지 못하고, 사실상 카뮈가 부여한 의미에서 '부조리한' 것이라 느꼈다. 그러나 어떤 스토아주의자나 아리스토텔레스주의자도, 또 어떤 정통 플라톤주의자도 우주를 전체로서 비방하지 않았다. 우리가 그런 비방을 만난다면 그것이 궁극적으로는 보다 먼 동쪽, 플라톤의 이원론보다 급진적인 이원론에서 연원한 것이라 의심해야만 한다. 보이는 우주는 우주 바깥에 있는 모종의 보이지 않는 좋은 장소 내지 좋은 존재*

올 식량 부족을 예견한다. 동시에 그는 '올바른 마음을 지닌 사람들'의 결핍을 예상한다. 그는 어느 정도 사후(post eventum) 예언을 하고 있는 것처럼 보인다. 수많은 기독교인에게 그러한 비관주의는 전 세계가 일찍 파괴될 것으로 정해졌다는 확신에 의해 고무되었고, 또 그 안에 가장 깊은 표현을 발견했다. 우리는 적절한 변경을 가하여(mutatis mutandis), 오늘날 무의식적인 '죽음-소망'이 미래의 핵전쟁에 의한 파괴를 그리는 것에서 만족을 찾는 방법과 비교할 수 있다.

27) Plato, *Theaet.*, 176 A.

* 도즈는 "Good Person"이라는 표현을 사용했다. 여기에서 'Person'은 '인간'이나 '인격'이 아니라 신적인 존재를 가리킨다. 실제로 'person'은 '삼위일체설'과 같은 기독교 신학 교리에서 '위' 내지 '위격'으로 번역되는 용어이다. 위의 맥락에서는 '위격'이라는 전문적인 용어보다 더 일반적인 용어인 '존재'로 번역했지만, 원어를 염두에 두어야 할 것이다.

와 대조할 때에만 **전체로서** 나쁘다 불릴 수 있다. 급진적 이원론은 초월성을 함축한다.[28] 스토아주의는 그런 장소나 존재를 인정하지 않았다.

한편, 정통 플라톤주의에서 가시적인 우주와 형상의 세계 사이의 관계는 의존의 관계였지, 대립의 관계가 아니었다. 가시적 우주는, 『티마이오스』의 용어로 말하자면, "가지적인 우주의 모상, 감각적인 신(神), 위대함과 탁월함에 있어서, 아름다움과 완전함에 있어서 최상이며, 그와 같은 종류에 있어서 유일한 것"이다.[29] 우리가 가시적인 우주와 신의 대립을 발견할 경우, 대립하는 원리는 다음의 세 가지 중의 하나이거나 모두이다. (1) 물질 또는 '어둠', 신에 의해 창조되지 않은 실체이며 그의 의지에 저항하는 것. (2) 운명, 그것의 대리자들은 행성의 악령들로서 이 세계를 신으로부터 격리하는 '일곱 문의 문지기들'(Keepers of the Seven Gates)이다. (3) 인격적 악의 원리, 이 세계의 주(主)이며 몇 가지 판본에서는 세계의 창조주. 이 모든 개념은 기독교 영지주의의 다양한 조합들에서 발견된다. 어떤 것들은 정통 기독교인들에 의해 옹호되었지만, 이교도들 사이에서도 널리 유행했다. 그 모든 개념의 존재가 우리가 다루는 시기 이전에 잘 입증되기 때문에 그것들이 단순히 불안의 시대의 부산물로 무시될 수 없다.

물질이 독립적인 악의 원리이자 원천이라는 관념의 뿌리는 그리스와 동방 양쪽에서 찾을 수 있다. 학설사가들은 그것을 피타고라스에게 귀속시킨다.[30] 플라톤에게서 그것의 권위를 뒷받침할 수 있는 몇몇 구

---

28) Cf. S. Pétrement, *Le Dualisme dans l'histoire de la philosophie et des religions*, 1946, p. 105.
29) Plato, *Tim.*, 92 C.

절을 발견할 수 있다.[31] 그 관념의 가장 강력한 옹호자는 신피타고라스
주의자 누메니우스이다.[32] 다른 한편으로 초기 영지주의자 바실레이데
스는 그것을 이민족, 즉 페르시아인들의 지혜로 소개했다.[33] 다른 두 견
해와는 달리, 바실레이데스의 견해는 우주의 가치를 전적으로 부정하지
않았다. 그의 우주는 물질과 어둠과 함께, 적어도 일정 부분, 매우 약소
하지만, 형상과 빛을 담고 있다. 그러나 바실레이데스의 비환원적인 이
원론은 그리스의 주류 전통에 반하는 것이었다. 플로티누스는 물질과
악의 등식을 인정했지만, 오직 물질과 악 둘 다 주변적인 산물의 지위
로, 절대자로부터 나온 한계점으로 격하시킴으로써 그럴 수 있었다.

　나머지 관념들은 명백히 동방에 그 기원을 두었다. '문지기들'은
종국적으로는 바빌로니아의 행성 신 숭배로부터 도래한 것으로 보인
다. 비록 긴 역사의 어느 지점에서 행성 신들이 높은 신들에서 악령으
로 지위상의 변화를 겪었지만 말이다.[34] 1세기부터 수많은 사람이 ——

---

30) H. Diels, *Doxographi Graeci*, 1879, p. 302.
31) 물질을 악의 원인과 동일시하는 것이 실제로 플라톤적인 관념인지는 여전히 활발히 논의되
　는 문제이다. 대립하는 입장들의 요약으로 F. P. Hager, "Die Materie und das Böse im antiken
　Platonismus", *Museum Helveticum*, 19, 1962, pp. 73 ff.을 참조하라.
32) Numenius, test. 30 Leemans =Chalcidius, *In Tim.*, 295~9. 만다야교의 악령인 우르(Ur), 즉 영혼들
　을 삼키는 어둠의 힘이 단순히 그리스적인 ΰλη[휠레; 질료, 물질]라고 추측되어 왔다. F. C. Burkitt,
　Church and Gnosis, 1932, p. 116. [만다야교(mandaeanism)는 세례자 요한이 메시아라고 믿은 영지주의
　분파로 유대교와 기독교의 통합을 시도했다.]
33) Basileides, fr. 1 (Völker, *Quellen*, p. 38) =Hegenonius, *Acta Archelai*, 67.4~12, p. 96.10 ff. Beeson.
34) 부세에 따르면, 이러한 '지위의 강등'(또는 오히려 도덕적인 가치 변화)은 기원전 6세기 페르시아
　의 바빌로니아 정복의 결과였다(W. Bousset, *Hauptprobleme der Gnosis* 1907, p. 55). 그러나 이에 대
　한 의혹으로 Jonas, *Gnosis*, I, pp. 28 ff.; S. Pétrement, *Le Dualisme chez Platon, les Gnostiques et les
　Manichéens*, 1947, pp. 153 f.; Nisson, *Gesch.*, II, p. 573을 보라. 행성 신들의 가치 절하는 오히려 우
　주에 대한 일반적인 가치 절하의 귀결로 보인다. 따라서 우주의 가치 절하가 설명되어야 할 것이
　다. 마니교도들은 이 변화를 신화적 형태로 표상했다. "시원적인 인간"의 다섯 아들인 "빛나는 신

유대교도이든 기독교도이든, 영지주의자이든 이교도이든 —— 그들에게 악한 힘이 있다고 인정했다. 그들은 영지주의자들이 말하는 '통치자들'(archontes), 『에베소서』에 언급된 '우주의 지배자들'(cosmocratores), 헤르메스주의자들이 말하는 '일곱 통치자들'이다(그들의 통치는 '숙명'[Destiny]이라 불린다). 이교도들뿐만 아니라 기독교인들 또한 그들을 두려워했음을 오리게네스와 아우구스티누스가 증언한다.[35]

　　그러나 우리가 다루는 시기에도 가장 뛰어난 정신들은 [행성 악령들의] 독재를 부인했다. 플로티누스는 우주적인 '공감'(sympatheia)에 의해 별들이 미래를 암시할 수도 있지만, 결정할 수 없다는 것을 보여 주기 위한 시론을 썼다. 그리고 그가 유쾌하지 않은 병으로 죽은 직후 점성술사들은 그의 죽음에서 진노한 별-악령들의 복수를 보았다. 플로티누스와 유사하게 오리게네스도 별들이 징표로서 기능할 수 있다고 인정하면서도 그것들의 인과적 힘은 부정했다("천체에 빛들이 있게 하라. … 그들을 징표로 삼게 하라"라고 신이 말하지 않았는가?). 이리하여 아우구스티누스에게 쌍둥이의 경우를 근거로 점성술의 진리를 전적으로 부인하는 일이 남게 되었다.[36]

　　감각적 세계를 악한 인격적 힘의 영역 내지 심지어 산물이라고 본

　　들"이 어둠의 힘에 의해 잠식당해서 그들의 지성을 잃었고, "미친 개나 뱀에게 물린 인간처럼" 되었다(A. Adam, *Texte zum Manichäismus*, 1954, p. 17).

35) Ephes. vi. 12; *Corp. Herm.*, i, 9(cf. xvi, 16); Origen *apud* Eus., *Praep., Ev.*, 6.11.1; Augustine, *Civ. Dei*, 5.1. Juvenal, 14.248의 각주에서 마이어(J. E. B. Mayor)가 모아서 제시한 많은 전거를 보라.

36) Plot., II, iii; Firmicus Maternus, 1.7.18; Origen *apud* Eus., *Praep., Ev.*, 6.11.1; Augustine, *Civ. Dei*, 5., *De Gen. ad. litt.*, 2.17. 오리게네스와 플로티누스는 통용되는 이교의 전거에 의존한 것으로 보인다. R. Cadiou, *La Jeunesse d'Origène*, 1935, pp. 206~12. 쌍둥이 논변은 전통적이지만(Cic., *Div.*, 2.90; Origen, *Philocalia*, 23.18), 아우구스티누스가 가장 완전하고 효과적으로 개진했다.

세 번째 견해에서 플루타르코스는 분명 올바르게도 오르마즈드[아후라 마즈다]와 아흐리만 사이의 갈등으로 표현되는 페르시아적 이원론의 메 아리를 알아보았다.[37] 그러나 페르시아적 (그리고 만다야교적) 믿음에서 세계는 저 갈등의 극장이지만, 기독교적, 영지주의적, 헤르메스주의적 형태의 이원론은 세계를 완전히 적의 손에 넘어간 것으로 표상한다. "온 세상이 악한 자 안에 놓여 있다"라고 『요한일서』의 저자는 말한다. 쿰란 의 시편에 따르면, 세계는 "공포와 위협의 영토, 슬픔과 고난의 장소"이 다. 그것은 영지주의자 헤라클레온에게는 오직 야수들만이 서식하는 사 막이다. 발렌티누스의 『진리의 복음』에서 그것은 "어딘지 모르는 곳으 로 도망가거나 누군지 모르는 자를 좇으며 무기력하게 머무르는" 악몽 의 영역이다.[38]

그러한 세계가 최고신에 의해 창조되었다는 것은 대다수의 영지 주의자에게 생각할 수 없는 일이었다. 그것은 어떤 하위의 조물주, 다시 말해 발렌티누스가 생각했듯이 더 나은 가능성을 알지 못하는 무지한 정령이거나 마르키온이 생각했듯이 거칠고 지적이지 않은 구약의 신 이거나 아니면 다른 체계들에서처럼 신에 대항한 어떤 천사 또는 천사 들의 수공품이어야 했다.[39] 정통 기독교는 그렇게 멀리 갈 수 없었으며,

---

37) Plut., *Is. et Os.*, 46~7, 369 D ff.

38) 1 John v. 19; M. Burrows, *Dead Sea Scrolls*, 1956, p. 386; *Corp. Herm.*, vi, 4; Heracleon, fr. 20 Völker; *Evang. Veritatis*, p. 29.1 Malinine-Puech-Quispel. 그러나 그러한 견해는 보편적으로 주장되지 않았다. 『요한일서』 5장 19절과 반대로 『디모데전서』 4장 4절은 다음과 같다. πᾶν κτίσμα θεοῦ καλόν[신의 피조물은 모두 아름답다]. 우주가 πλήρωμα τῆς κακίας[악덕으로 가득하다]고 하는 『헤르메 스 전집』 vi, 4는 우주가 πλήρωμα τῆς ζωῆς[생명으로 가득하고], '위대한 신, 더 위대한 신의 모상'이 라는 xii, 15과 대조를 이룬다. 세계가 '악의 장소'(*De tranq. an.*, 19, 477 C)라는 견해에 대한 플루타 르코스의 저항을 참조하라.

『창세기』를 버리길 원치 않았다. 하지만 오리게네스는 영지주의적 견해의 요체를 견지했다. 그는 창조를 신을 관조하는 데 싫증이 나서 '저급한 것으로 관심을 돌린' 어떤 '비물질적인 정신들'의 행위로 돌렸다.[40] 그리스 전통에서 현실적으로 실체화된 악마(Devil)라는 관념은 전적으로 낯선 것이었다. 켈수스와 같은 사람들은 그 관념에서 신성모독을 보았다. 포르피리오스와 이암블리코스가 '악령들의 대장'을 언급할 때, 간접적으로 이란의 [조로아스터교적] 원천에 의지한다.[41] 악마는 후기 유대교를 통해 서구로 왔으며, 사탄은 신의 대리인에서 신의 적으로 변형되었다. 성 바울은 유대교로부터 사탄을 넘겨받아 '이 세계의 신', '공기의 힘의 군주'(the prince of the power of the air)로 만들었다. 어떤 영지주의자들에게 사탄은 '저주받은 신'이었고, 다른 영지주의자들에게는 '신을 닮은 천사'였고, 『칼데아 신탁』은 그를 하데스와 동일시했다.[42]

---

39) 무식하거나 악의적인 창조주 이론은 — '어떤 야수나 불한당이 세계를 만들었든 간에' — 분명 그리스적이지도 유대적이지도 않다. 내 생각에, 사실상 아무도 그것의 그럴 법한 전(前)-기독교적 원천을 제시하지 못했다. 우리가 현재 가진 정보에 한하자면, 그것은 기원후 2세기에 처음 언표된 것으로 보인다. 그랜트는 그러한 관념이 기원후 70년 예루살렘의 수호에 실패한 후 여호와에 등을 돌린 유대인 배교자들과 함께 생겼다고 논증했다(Grant, *Gnosticism*). 그럴 가능성은 있다. 하지만 이 주장은 창조신을 항상 여호와와 동일시하지는 않은 비-유대인 영지주의자들이 그러한 생각을 폭넓게 채택한 것을 설명하기에 충분하지 않다(cf. W. C. van Unnik in *Vigiliae Christianae*, 15, 1961, pp. 65~82).

40) Origen, *Princ.*, 2.8.3. Cf. Epiphanius, *Haer.*, 64.4. 오리게네스에게 "모든 물질적 창조는 그에 따라 죄의 결과이고, 그것의 목적은 정죄를 돕는 것이며 그럴 필요가 전혀 없었다면 훨씬 나았을 것"이다(A. H. Armstrong, *An Introduction to Ancient Philosophy*, 1947, p. 173).

41) Celsus *apud* Origen, *c. Cels.*, 6.62; Porph., *De Abst.*, 2.42: ἡ προεστῶσα αὐτῶν δύναμις[그들(신들) 가운데 최상의 힘]; Iamb., *De myst.*, 3.30: τὸν μέγαν ἡγεμόνα τῶν δαιμόνων[정령들의 최고 지도자]. Cf. F. Cumont and J. Bidez, *Les Mages Hellénisés*, II, 1938, pp. 275~82.

42) 2 Cor. iv. 4; Ephes. ii. 2; Origen, *c. Cels.*, 6.27(오피스파); Iren., *Haer.*, 1.5.2 =Völker, *Quellen*, p. 108.3(발렌티누스파); H. Lewy, *Chaldaean Oracles and Theurgy*, 1956, pp. 282 ff. 악마의 진면목이 인간의 금

나그-함마디(Nag-Hammadi)의 영지주의 문헌을 모두 이용할 수 있을 때, 우리는 서구를 휩쓸었던 이 염세주의 물결, "인간이 속해 있는 두 가지 질서, 즉 실재의 질서와 가치의 질서 사이에 생긴 이 끔찍한 균열"[43]의 기원과 역사에 대해 더 알게 되길 희망할 수 있겠다. 그러나 나는 그것이 역사적 유래를 통해서 완전히 설명될 수 있을지 의심한다. 나는 부세와 함께 모든 나머지 영지주의가 유래한 원시 영지주의 체계를 상정하는 것보다는 오히려 드 파이에처럼 영지주의적 **경향**에 대해 말하기를 선호한다. 이 경향은 이미 서기 1세기, 특히 성 바울의 저술들에서 그 모습을 드러내며, 2세기 일련의 상상적인 신화적 구조들에서 그것의 완전한 표현을 발견한다.[44] 이러한 구조들은 상상적 이미지들을 기

지된 생각의 투사라는 인식이 발렌티누스파의 신화에 함축되어 있는 것으로 보인다. 발렌티누스파의 가르침에 따르면, 악령들이 아카모트(Achamoth)의 후회로부터 창조되었는데, 아카모트는 인간 영혼을 상징한다(Clem., *Exc. ex Theod.*, 48.2; Iren., *Haer.*, 1.5.4). [오피스파(Ophites)는 구약의 창세기에 나오는 뱀(ophis)이 영지를 상징한다고 본 영지주의 분파들을 통칭한다.]

43) Pétrement, *Le Dualisme chez Platon, les Gnostiques et les Manichéens*, p. 157.

44) E. de Faye, *Gnostiques et Gnosticisme*, 1925, pp. 469 ff. 다양한 저자가 상이한 의미에서 '영지주의'와 '영지'라는 용어를 사용하기 때문에 많은 혼동이 발생한다. 교부들이 '영지주의적'이라고 부른 체계들은 기독교의 변이 형태들로 보인다. 아마도, 원래는 안티오코스나 알렉산드리아와 같은 중심지에서 전개된 지역적인 변종들이 이후 선교사들에 의해 전파되었을 것이다. 여하튼, 리츠만이 그의 저서 『보편 교회의 설립』에서 표현했듯이(H. Lietzmann, *The Founding of the Church Universal*, Eng. trans., 1950, p. 87), "교회와 그노시스 사이에 분명한 선을 긋는 것은 불가능하다". 다른 한편, 몇몇 현대 학자는 그 용어를 만인에게 주어지지 않으며, 이성에 의존하지 않는 특수한 각성에 의해 이 세계로부터 도피하는 방법을 설파하는 모든 체계에 적용한다. 이러한 의미에서 『헤르메스 전집』, 소위 '미트라 전례', 『칼데아 신탁』, 심지어 누메니우스의 단편들까지 전부 '이교적 영지'(pagan Gnosis)로 묘사되어 왔다. 특히, 『고린도전서』 2장 14절 이하에서 단지 '영혼적'(psychic) 인간은 영지를 가질 수 없는 데 반해, '영적'(penumatic) 인간은 모든 것을 심판하고 아무한테도 심판받지 않을 것이라고 한 것을 참조하라. 사해문서의 몇 가지 특징은 『요한외경』과 같은 영지주의 문헌들과 연결시켜 보면, 기독교 영지주의자들이 이단적인 유대교 종파들로부터 많은 생각을 가져왔음을 암시한다. Cf. E. Peterson in *Enciclopedia Cattolica*, 6, 1951, s.v. Gnosi; G. Quispel in *The Jung Codex*, ed. F. L. Cross, 1955, pp. 62~78; A. D. Nock in *The Journal of Theological Studies*, N. S. 9,

독교와 이교, 동방과 그리스 등 많은 원천에서 가져왔지만, 버키트가 보 았듯이 상당수는 저자들의 내적 경험의 독립적인 실체화이자 몽환적인 투사이다.[45] 그러므로 발렌티누스파의 '뷔토스'(Bythos), 즉 만물이 원래 알려지지 않은 채 머물렀던 신비적인 원초석 심연은 아우구스티누스가 '인간 의식의 심연'(abyssus humanae conscientiae)이라고 부른 것과 우리가 이제 무의식이라고 부르는 것에 상응한다. 그리고 바실레이데스 체계와 발렌티누스 체계에서 인간적인 경험의 세계를 빛의 세계로부터 단절시 키는 '장벽'(phragmos)은 정상적인 의식으로부터 무의식의 영감을 제외 하는 장벽에 상응한다.[46]

다시금, 테르툴리아누스가 지적하듯이[47] 발렌티누스는 물질적 세

1958, pp. 319 ff.; Grant, *Gnosticism*. 그러나 지금까지는 쿰란 또는 나그-함마디 문헌에서 전-기독 교적 영지주의 체계 가설을 지지하는 것은 아무것도 출간되지 않았다. 현행 연구 관점들의 유용 한 요약은 R. M. Wilson, *The Gnostic Problem*, 1958, 3장을 보라.

45) Cf. F. C. Burkitt, *Church and Gnosis*, 1932, pp. 41 ff. 이 책에서 나는 몇 가지 예를 취했다. Cf. A. D. Nock in *Gnomon*, 12, 1936, p. 611. 나는 버키트의 용어를 약간 바꾸었다. 왜냐하면 나는 영지주의 스승들을 어떤 현대적 의미에서도 '철학자'라기보다는 자연적인 신화 제작자이자 환상가, 스베덴 보리(E. Swedenborg)와 윌리엄 블레이크의 표식을 지닌 사람들이라고 보기 때문이다. 그들 중 몇 몇은 개인적인 환시(vision)를 경험했다. 발렌티누스는 신생아의 형태로 로고스(Logos)를 보았고, 마르쿠스는 여성의 모습으로 테트라드(Tetrad)를 보았다(Hipp., *Haer.*, 6.42.2). 바실레이데스, 이시 도로, 아펠레스와 같은 다른 이들은 영감을 받은 예언자들(prohêtai)의 영매에 의한 발언을 신뢰했 다. 뒤의 2장 각주 62)를 보라. 또한 포르피리오스가 제시한 영지주의 '외경들'의 목록을 참고하라 (*Vit. Plot.*, 16). 그중의 몇몇은 나그-함마디에서 나타났다.

46) 오리게네스와 에피파니오스는 '장벽'을 통과한 후 행하는 흥미로운 기도를 인용했다. Origen, *c. Cels.*, 6.31: Βασιλέα μονότροπον, δεσμὸν ἀβλεψίας, λήθην ἀπερίσκεπτον ἀσπάζομαι[고독한 왕, 눈먼 끈, 가치 없는 망각을 나는 반긴다]; Epiphanius, *Haer.*, 31.5[I 390, 10~11]: <ἐπ'> ἀρχῆς ὁ Αὐτοπάτωρ αὐτὸς ἐν ἑαυτῷ περιεῖχε τὰ πάντα, ὄντα ἐν ἑαυτῷ ἐν ἀγνωσίᾳ[태초에 스스로를 낳은 자 자신이 자신은 모른 채 자 신 안에 만물을 품었다].

47) *Adv. Valent.*, 15~20; cf. Iren., *Haer.*, 1.4.5(Völker, *Quellen*, p. 104.25 ff.). 시몬파의 신화에서 신적인 헬레네가 자신의 이름과 종족을 잊은 채 시몬 마구스에 의해 발견되었던 튀로스의 사창가(Iren., *Haer.*, 1.23.2)는 명백히 영혼이 구원을 기다리는 타락한 세상을 상징한다.

계 자체를 아카모트의 고통의 투사로 보았다. 아카모트는 궁극적 진리에 대한 그리움으로 괴로워하지만 오직 '서자적인' 합리주의를 생산할 수밖에 없으며, 자아(Ego)를 구원하기 위해서 그 합리주의를 십자가에 '못 박아 버려야 하는' 인간 자아의 신화적 상관물이다. 그리고 마지막으로 신을 두 인격, 즉 한편으로는 멀지만 자비로운 아버지와 다른 한편으로는 어리석고 잔인한 창조주로 분열시키는 것은 개별적인 아버지상(father-image)이 각기 상응하는 두 가지 감정적인 요소로 분열되는 것을 반영하는 것으로 보인다. 그렇게 무의식적인 마음 내의 사랑과 증오의 갈등이 상징적으로 해소되고, 마음을 갉아먹는 죄의식이 진정된다.[48]

만약 우리가 다루는 시대의 사람들이 세계를 이러한 방식으로 생각하는 경향이 있었다면, 인간 조건에 대한 그들의 견해는 어떠했는가? 분명히, 그러한 세계에서 플로티누스가 '내적 인간'이라고 부른 것, 성 바울과 영지주의자들이 '영적' 인간으로 부른 것은 자신을 이방인이자 망명자로 느꼈음이 틀림없다. 이에 대한 증거는 넘친다. 재림을 기다리는 기독교인들은 자연스럽게 초기부터 자신을 '이방인이자 순례자'로 여겼다. 그들은 '세상을 사랑하지 말고, 세상 안에 있는 것도 사랑하지 말라'고 가르쳤다. 『디오그네투스에게 보내는 편지』*의 경우에서 "그들은 자기 나라에서 이방인으로 산다. 그들은 시민처럼 모든 의무를 공유

---

48) 어머니상(정통 기독교의 옛 형태들은 어머니상에 대한 실질적인 지원에 있어 소홀했다) 또한 몇 개의 영지주의 체계에서 중요한 역할을 한다. 그것 또한 분열되어 있지만, 분열 방식이 다르다. 한편으로 그것은 천상의 소피아('어머니'라고 불린다. Iren. *Haer.*, 1.5.3)처럼 신적인 존재로서 충만의 영역(Pleroma) 내부로 투사되지만, 다른 한편으로 지상의 소피아(아카모트)처럼 자아 속으로 투사되고 그것과 동일시된다.

* 기원후 130년 이후 집필되었다.

하고 이방인들처럼 온갖 장애를 겪는다. 모든 이방인의 땅은 그들의 나라이고, 모든 나라는 그들에게 낯설다".[49] 이러한 낯선 느낌은 기독교 영지주의자들에게는 훨씬 더 강했다. 그들은 '낯선 선민'을 구성했고, '낯선 지식'을 가르쳤으며, 언젠가 '새로운' 또는 '낯선' 땅에서 거주하길 희망했다.[50] 그러나 그 느낌은 결코 기독교인 집단에 국한되지 않았다. 그것은 플라톤학파에서도 공유되었다.[51]

심지어 제국을 경영하면서 나날을 보냈던 마르쿠스 아우렐리우스마저도 때때로 이곳에 속하지 않는다는 쓸쓸한 느낌을 표현할 수 있었다. "인간 육신의 삶 전체는 흐르는 물줄기이고, 그의 정신의 삶 전체는 꿈이자 환영이다. 그의 존재는 전쟁이고, 타향살이이다. 그의 사후 명성은 망각이다." 그는 그러한 생각들의 절대적 지배에 대항하여, 그의 존재가 위대한 하나(우주)의 부분이자 조각이라는 사실을 스스로에게 상기시키면서, 스토아 종교의 온 힘으로 싸웠다. 그러나 그것들은 그의 시대의 생각들이었고, 그는 그것들을 피할 수 없었다. 그는 오로지 물을

---

49) *Epist. ad Diognetum*, 5.5.

50) Clem., *Strom.*, 4.26.165.3: ξένην τὴν ἐκλογὴν τοῦ κόσμου ὁ Βασιλείδης εἴληφε λέγειν[바실레이데스는 (그가) 우주의 선택된 이방인이라고 말하는 것을 받아들였다]; 3.3.12: τήν τε ξένην, ὥς φασι, γνῶσιν εὐαγγελίζονται[마르키온파에 대해, 그들이 말하길, 그들은 낯선 영지를 복음으로 전한다]; Plot., II, ix, 11.11~12: ἡ γῆ αὐτοῖς ἡ ξένη λεγομένη[그들에게 '낯선 땅'이라고 불리는 것]; II, ix, 5.24: καινὴν … γῆν[새로운 … 땅]. Cf. C. A. Baynes, *Coptic Gnostic Treatise*, 1933, p. 136. 켈수스는 그와 같은 믿음을 기독교인들에게 귀속시켰다(Origen, *c. Cels.*, 7.28). Cf. Revelation, xxi. 1. 세트(Seth)파는 실제로 자신들을 '이방인들'(allogeneis)이라고 불렀으며, 같은 이름을 그들 신화의 중심인물인 세트에게 주었다. 나그-함마디에서 발견된 문헌 가운데 '최고의 이방인'(Allogenes Hypsistos)이라는 제목의 미간행 작품이 있다. 톨스토이의 "나를 고아처럼 그리고 이토록 낯선 이 모든 것 사이에 고립되어 있는 것처럼 보이게 만드는 공포의 느낌"과 비교하라(『참회록』).

51) (Plato), *Axiochus*, 365 B: τὸ κοινὸν δὴ τοῦτο καὶ πρὸς ἀπάντων θρυλούμενον, παρεπιδημία τίς ἐστιν ὁ βίος [저 실로 일반적이고 만인의 입에 시끄럽게 오르내린 말, 즉 인생이란 일종의 타향살이라는 것].

수 있을 뿐이었다. '얼마나 더 오래?'[52]

이러한 반성은 불가피하게 다음 질문을 제기한다. '우리는 무엇을 위해 여기에 있는가?'(ἐπὶ τί γεγόναμεν). 이것은 오래된 질문이다. 엠페도클레스도 그렇게 물었고 그에 대한 대답을 제공했다. 플라톤은 『테아이테토스』에서 그것이 철학적 탐구에 적합한 주제임을 긍정했다.[53] 그러나 그것은 실제로 행복한 사람들이 기꺼이 묻는 질문이 아니다. 행복한 삶은 그것 자체의 정당화로 보인다. 오직 제정기에 와서 철학자들과 다른 사람들 양쪽 모두 그 질문을 주요 문제로 다루기 시작했다.[54] 그들은 광범위하고 다양한 대답을 제공했다.

페스튀지에르는 이암블리코스가 『영혼론』에서 제공한 학설사에서 출발하여, 그것들을 두 개의 주요 부분, 즉 낙관론과 비관론으로 나누었다.[55] 우주의 신성에 대한 오랜 신앙을 고수하는 자들에게 『티마이오스』는 한 가지 쉬운 대답을 제공했다. 즉, 인간이 없다면 우주는 완성을 이루지 못할 것이다.[56] 달리 말하자면, 2세기 플라톤주의자가 표현했듯이 우리는 여기에 "신성한 생명을 계시하기 위해"[57] 있다. 즉, 인간 존재는

---

52) M. Ant., 2.17 (cf. 12.1.2: ξένος ὢν τῆς πατρίδος [고향에서 이방인으로], 7.9; 6.46: μέχρι τίνος οὖν [그러니까 어디까지?]. 관련 개념인 ἀναχώρησις [물러남]의 전개에 대해서는 다음 연구를 참조하라. Festugière, *Personal Religion*, ch. iv.

53) Plato, *Theaet.*, 174 B. 이 문제의 초기 역사에 대해서는 Dodds, *Greeks*, ch. v을 참조하라.

54) E. Norden, *Agnostos Theos*, 1913, pp. 101~9에 예들이 수집되어 있다. 우리가 노든을 따라 모든 예를 포세이도니오스에 의해 저술된 하나의 '모범'(model)으로 소급시켜야 하는지는 내게는 매우 미심쩍은 일이다. 대다수의 관련 저자에게 그 문제는 수사학적인 '토포스'를 훨씬 넘어섰다. 최근에 추가된 수집 항목으로 *Evang. Veritatis*, p. 22.4 ff. Malinine-Puech-Quispel이 있다.

55) Festugière, *Révélation*, III, ch. ii. 여기에서 이 단락과 다음 단락에서 사용된 자료를 많이 취했다.

56) Plato, *Tim.*, 41 B~C

57) εἰς θείας ζωῆς ἐπίδειξιν. 이암블리코스는 이 표현을 타우로스(Tauros)학파에 귀속시켰다. Iamblichus,

신의 자기 계시의 일부이다. 다른 이들은 "모든 생명은 어디서나 생명이 없는 것을 돌본다"라는 플라톤의 언급에서 출발하여 인간을 신의 집사(administrator)로, 지상에서의 존재를 일종의 봉사(leitourgia)라고 보았다. 이것은 낙관적인 의미나 비관적인 의미로 이해될 수 있다. 켈수스는 그것을 "생명에 봉사"라고 불렀다. 마르쿠스 아우렐리우스는 그것을 보다 신랄하게 "살에 봉사"라고 했고, 바르데사네스의 인도 현인들은 '자연을 위한 강제적인 봉사'라고 생각하며 마지못해 감내했다.[58] 그러한 봉사는 영혼에게 위험할 수 있다. 플로티누스는 그러한 영혼을 애처롭게도 배를 구하겠다는 결심으로 생각 없이 자신의 생명을 위태롭게 만드는 조타수에 비교했다.[59] 그러나 그는 결국 영혼이 악의 경험으로부터 무언가를 얻을 수 있다고 주장한다. 프로클로스에게 그러한 경험은 우리 교육의 필수적인 부분이다. 또한 이와 관련하여 우리는 몇몇 기독교인에게서 '영혼을 위한 학교'로서의 '세계'라는 관념을 발견한다.[60]

그러나 보다 급진적인 이원론자들에게 이런 종류의 설명은 불충분해 보였다. 만약 인간이 지상의 표면을 배회하는 이방인이라면, 그가 여

---

apud Stob., 1.379.1 [49.39.48~9]. Cf. Plot., IV, viii, 5.29~37.

58) Plato, *Phdr.*, 246 B; Celsus *apud* Origen, *c. Cels.*, 8.53; M. Ant., 6.28; Bardesanes *apud* Porph., *De abst.*, 4.18, p. 258.14 Nauck. 시네시오스에게 무생물을 돌보는 것은 우주에 대한 봉사(*De prov., P. G.* 66, 1229 A) 또는 자연에 대한 봉사(*De insomn.*, 1296 B)였다. 낙관적 견해는 포세이도니오스에서 유래했을 수도 있다(*apud* Clem., *Strom.*, 2.129; Cf. A. D. Nock in *The Journal of Roman Studies*, 49, 1959, p. 12).

59) Plot., IV, iii, 17.21 ff. Cf. Numenius, fr. 20 Leemans (*apud* Eus., *Praep. Ev.*, 11.17): "조물주 또는 세계 영혼은 물질에 대한 돌봄으로 인해 자신을 소홀히 하게 되며, 물질을 향해 나아가면서, 감각적인 것과 접촉하게 되고, 그런 경향을 가지게 되고[그것을 돌보고], 그것을 그 자신의 성격으로 만든다": Proclus, *In Alc.*, p. 32.11 ff. Creuzer.

60) Plot. IV, iii, 7.11~17; Proclus, *Dec. dub.*, 38.7 Boese; Basil, *H. in Hex.*, 1.5, 세계가 "인간 영혼을 가르치는 곳이자 학교"로 제시된다.

기에 있는 이유는 오직 '추락', 『파이드로스』 신화에서 언급된 '날개의 상실'일 수밖에 없다. 이것은 이암블리코스가 표현했듯이, '부자연스러운' 것이다.[61] 이 견해에 의하자면, 태어남은 솔직히 불운이다. 지혜로운 자들은 그들의 생일을 축하하지 않는다.[62] 인간의 추락 상태는 다음의 두 가지 중의 하나로, 즉 이전에 천상에서 범한 죄에 대한 벌 또는 영혼 자신이 저지른 잘못된 선택의 결과로 설명될 수 있을 것이다. 육화 (incarnation)가 벌이라는 관념은 피타고라스나 오르페우스로 거슬러 올라가는 것으로 보인다. 그것은 옛 피타고라스의 교리서에 나타난다. 아리스토텔레스는 그러한 관념을 '비교 제의의 옹호자들'에게, 크란토르는 좀 더 모호하게 '많은 현자들'에게 귀속시켰다.[63]

이러한 원천에서 나왔으며, 타락한 천사들에 대한 유대인들의 믿음과 결합된 관념이 기독교인들 내지 반(半)-기독교적 영지주의자들(발렌티누스, 마르키온, 바르데사네스, 마니)에게 전수되었다. 오리게네스 역시 이 관념을 넘겨받은 것으로 보인다. 『우주의 처녀』(Korê Kosmou)를 집필한 이교적인 헤르메스주의자도 마찬가지다. 후자에 따르면, 영혼의 범

---

61) Iamb., *Protrept.*, 60.10 ff. (물론, 아리스토텔레스로부터 인용한 것은 아니다. I. Düring, *Aristotle's Protrepticus*, 1961, p. 257.)

62) Origen, *In Levit., hom.* viii, 3, "sancti non solum non agunt festivitatem in die natali suo, sed in spiritu sancto repleti exsecrantur hunc diem"[성인들은 자신의 생일에 잔치를 하지 않았을 뿐만 아니라, 성령으로 가득 차서 그날을 저주했다]. 플로티누스도 유사하게 그의 생일을 축하하지 않았다. Porph., *Vit. Plot.*, 2.37 ff. [하지만 플로티누스는 소크라테스와 플라톤의 생일을 기념하고 축하하는 행사를 개최했다. 플로티누스는 오리게네스의 성인들과 달리 생일을 저주하지는 않은 것으로 사료된다.]

63) Iamb., *Vit. Pyth.*, 85(=*Vorsokr.*, 58 C 4); Aristotle, *Protrept.*, fr. 106 Düring(=fr. 60 Rose³); Crantor *apud* Plut. (?), *Cons. ad Apoll.*, 27, 115 B. 클레멘스에 따르면, 마르키온주의자들이 이 '불경한' 가르침을 철학자들로부터 받았다(*Strom.*, 3.3).

죄는 건방진 자기-주장(tolma)에서 비롯된 불복종이다.[64]

약간 덜 신화적인 형태의 대안적 가르침에 따르면, 하강은 영혼에 의해 고의적으로 선택되었기에 그것의 범죄를 이룬다. 이러한 설명은 누메니우스와 『포이만드레스』, 때로는 플로티누스에에서 나타난다. 영혼이 하강한 동기는 자연 또는 물질에 대한 사랑으로, 좀 더 미묘하게는 자아도취로 — 영혼은 물질적 세계에 비친 자기 자신의 영상과 사랑에 빠진다 — 또는 다시금 야망 내지 'tolma'로 묘사된다.[65] 'tolma'는 피타고라스적 원천을 가리킨다. 우리는 'tolma'가 '둘'(Dyad), 즉 '하나'에 대립하는 분쟁의 원리를 부르는 피타고라스주의적 이름이라는 것을 안다.[66] 아우구스티누스가 "오만(audacia)이 영혼을 신으로부터 분리시킨다"[67]라고 우리에게 말할 때, 'audacia'는 'tolma'의 번역어이다.

플로티누스가 이 문제를 어떻게 다루었는지에 대해 한마디 언급할 필요가 있다. 왜냐하면 내가 생각건대, 그것이 충분히 이해되지 않았기 때문이다. 그는 이 문제에 비일관적이고 혼란스럽게 생각했다고 비난받

---

64) *Kore Kosmou*, 24(*Corp. Herm.*, IV, 8 Nock-Festugière). 오리게네스에 관해서는 앞의 각주 40)을 보라.

65) 물질 또는 자연에 대한 사랑, Numenius, fr. 20 Leemans, *Poim.*(*Corp. Herm.*, i) 14; 자아도취, Plot., IV, iii, 12.1, *Poim., Ibid.*; 창조 또는 통치의 야망, Dio Chrys., *Borysth.*, 55, Plot, V, i, 1.3(tolma), *Poim.*, 13. 'tolma'는 후기 신플라톤주의자들한테서도 나타난다. 예를 들어, Hierocles, 148.19 ff., Proclus, *Mal. subst.*, 12.13 Boese.

66) Plut., *Is. et Os.*, 381 F; Anatolius *apud* (Iamb.), *Theol. Arithm.*, p. 7.19 de Falco; Olympiodorus, *In Alc.*, 48.17 Cr. Cf. Proclus, *In Alc.*, 132.13 Cr. τὴν πρόοδον ταύτην 'τόλμαν' ἀποκαλεῖ τὸν Πυθαγόρειον τρόπον[그 전진(나아감)을 피타고라스적 방식으로 '톨마'라고 부른다]. 뤼도스는 'tolma'의 이러한 용법을 '페레퀴데스학파'로 귀속시킨다(Lydus, *De mens.*, 2.7). 아마도 그는 그 용어를 피타고라스적 '페레퀴데스' 위조 문헌에서 발견했을 것이다.

67) Augustine, *De moribus*, 1.20; cf. *De mus.*, 6.40; *Civ. Dei*, 22.24(아담의 오만[audacia]에 관해서); W. Theiler, *Porphyrios und Augustin*, 1933, pp. 27~30.

아 왔다. 이것은 그다지 정당한 비난은 아니다. 왜냐하면, 그가 지적했듯 이 비일관성은 그의 스승 플라톤의 저작들에 놓여 있었기 때문이다.[68]

역사적으로 볼 때, 문제는 『티마이오스』의 우주론과 『파이돈』 및 『파이드로스』의 영혼론을 화해시키는 것이었고, 지금도 그렇다. 아주 성공적이진 않았지만, 한 초기 저술에서 플로티누스는 그러한 화해의 첫 시도를 감행했다.[69] 그러나 그는 초기 저작에서 일반적으로 누메니우스로부터 물려받은 비관주의적 견해, 즉 개별 영혼이 '스스로 세계의 일부를 통치하거나' 또는 '자기 자신의 주인이 되기'[70]를 의도적으로 바라면서 숙고에 기초한 선택 행위에 의해 이 세상에 내려왔다는 견해를 받아들이는 경향을 보인다. 그는 연속적인 세 개의 논고에서 이와 관련해 피타고라스주의 용어인 'tolma'를 사용한다.[71]

플로티누스의 입장이 변한 것은 그가 마침내 영지주의와 결별했을

---

68) Plot., IV, viii, 1. 플로티누스의 비일관성을 주장한 경우로 다음을 참조하라. W. R. Inge, *The Philosophy of Plotinus*, 1, 3rd ed., 1929, p. 259; E. Bréhier, *La Philosophie de Plotin*, 1928, pp. 64~8; Festugière, *Révélation*, III, p. 95 f. 최근으로는 C. Tresmontant, *La métaphysique du christianisme et la naissance de la philosophie chrétienne*, 1961, pp. 319~44. 이 저자들 가운데 아무도 이 문제에 대한 플로티누스의 생각이 발전했을 가능성을 고려하지 않는다. 그러나 기통은 그러한 발전을 인지했으며, 그것을 반영지주의 논쟁과 연결시켰다. J. Guitton, *Le Temps et l'éternité chez Plotin et Saint Augustin*, 3rd ed., 1959, pp. 71~86.

69) Plot., IV, viii 5. 플로티누스는 여기에서 그가 이후 취할 견해와 같은 무엇을 더듬어 찾는 것처럼 보인다. 하지만 그의 말은 모호하다(그리고 16행 이하 원전의 훼손에 의해 더욱 모호하게 되었다). 이 논고는 집필 연대상 제6논고, 즉 포르피리오스가 제시한 54개 논고의 연대기적 순서에 따르면, 여섯 번째로 집필되었다.

70) IV, vii(연대상 제2논고), 13.11; V, i(연대상 제10논고), 1.5. 또한 IV, viii(연대상 제6논고), 4.10~28을 참조하라.

71) VI, ix(연대상 제9논고), 5.29. '하나'로부터 정신의 분리는 일종의 'tolma' 행위이다; V, i(연대상 제10논고), 1.4, 'tolma'는 영혼에게 악의 출발점이다; V, ii(연대상 제11논고), 2.5, 영혼의 식물적인 부분이 "가장 대담하고 가장 몰지각하다"(τὸ τολμηρότατον καὶ ἀφρονέστατον).

때이다. 그의 논고 『영지주의자들에 반대하여』에서 영혼이 세상을 '오만과 tolma 때문에' 창조했다고 생각하는 이는 그의 적이다.[72] 그리하여 'tolma' 용어는 그 자신의 가르침에서 사라지고, 심지어 개별 영혼의 하강조차 더 이상 죄로 간주되지 않는다. 논고 IV, iii, 13에서 우리는 이 문제에 대한 그의 성숙한 입장을 발견한다. 영혼들은 '숙고를 통해서나 신의 명령을 통해서' 내려오는 것이 아니라, 내적인 '본능'(prothesmia)에 순종하여, 마치 소에게 뿔이 자라듯이, **본능적으로** 내려온다. 하강의 필연성은 생물학적인 것이다.[73] 여기에서 플로티누스는 마침내 누메니우스의 영향에서 자신을 해방시켰다. 그리고 최종적인 확인은 그의 최후 작품들 가운데 하나에서 제공된다. 『인간과 생물』* 에서 우리는 영혼이 육신을 조명하는 것은 그림자를 드리우는 것만큼이나 죄가 아니라는 말을 듣는다.[74] 그의 초기 의심이 어떠했든 간에 플로티누스는 결국 헬레니즘의 이성주의 지지자로 드러난다.

---

72) II, ix(연대상 제23논고), 11.21. 이 논고에서 플로티누스 자신이 이전에 임시로 수용했던 누메니우스와 영지주 견해를 반박한 다른 예는 *Les Sources de Plotin*, pp. 19 f.를 참조하라. 영지주의와의 결별이 플로티누스 사고의 발전에서 지니는 중요성은 위 책에 기록된 토론(pp. 182~90)에서 강조되었다. 이러한 사실의 인정은 하이네만(F. H. Heinemann)의 불행한 책에서 따랐던 방식보다 좀 더 건전한 방식으로 플로티누스 철학의 '생성적' 연구의 길을 열 것으로 보인다.

73) IV, iii(연대상 제27논고), 13. 이러한 생각이 이 논고에 이어 IV, iv(연대상 제28논고), 11에서 광범위한 맥락에서 발전된다.

* 도즈는 이 논고의 제목을 '*Person and the Organism*'이라고 제시했지만, 원래 제목은 '인간은 무엇인가? 생물은 무엇인가?'이다.

74) I, i(연대상 제53논고), 12.24. 또한 I, viii(연대상 제51논고)에서 영혼과 육체의 연합은 자연스러운 것으로 다루어진다. 영혼의 '약함'은 그것 안에 내재해 있는 것이 아니라, 물질이 곁에 있기 때문에 발생하며(14장), 물질의 현전 자체도 '하나'의 역동적인 확산의 필연적 결과이다(7장). 동일한 느낌이 I, iv(연대상 제46논고), 16.20 ff.에 영감을 준다. 그곳에서 현자는 그의 육신을 마치 연주자가 그의 악기를 돌보듯이 돌본다고 언급된다.

지금까지 나는 세계와 그 속에서 인간이 차지하는 위치에 대해 이 시대가 가지는 특징적인 태도들로 보이는 것을 최대한 신속하게 묘사했다. 그러한 태도들이 인간 행위에 끼친 영향들을 보여 줄 증거로 어떤 것이 있는지 묻는 것이 남았다. 분명, 그러한 태도들은 사람들에게 '외부 세계를 이용하거나 개선하라'고 고무할 수 없었으며, 실제로 3세기는 이런 방향의 노력을 거의 보여 주지 않았다. 황제가 지상에서 신의 대리인이라는 새로운 신정 정치의 관념에 기초한 디오클레티아누스의 개혁에 이르기 전까지 말이다.

그러나 우리는 단순히 피안적 태도(other-worldliness)를 무관심과 동일시해서는 안 된다. 우리는 마르쿠스 아우렐리우스나 플로티누스가 생명보다 자기-완성에 더 마음을 썼다고 느낄 수 있다. 그러나 마르쿠스는 대다수 사람이 한 것보다 더 열심히 인간의 복지를 위해 일했으며, 플로티누스는 그가 사는 집을 고아원으로 만들고 맡겨진 아이들의 수탁자로서 ── '그들이 암송하는 것을 듣고', '그들의 재산 회계 장부를 검토하고, 그 정확성을 확인하면서'[75] ── 임무를 수행하기 위해 '하나'를 관조하는 시간을 할애했다는 사실을 기억해야 할 것이다. 다른 한편, 기독교 교회의 자선 활동을 입증하는 수많은 예가 있다. 하나만 인용하

---

75) Porph., *Vit. Plot.*, 9. 그래도 플로티누스에게 실천적인 삶은 차선이었고, 원칙적으로 관조적인 사람에게는 걸맞지 않는 삶이다(VI, ix, 7.26). 플로티누스의 제자 로가티아누스가 그랬듯이(*Vit. Plot.*, 7.35), 진정한 철학자는 모든 공직을 사임할 것이다(I, iv, 14.20). 만약 실패한 '플라토노폴리스'(*Vit. Plot.*, 12) 건설 계획이 실현되었더라면, 그것은 분명 플라톤의 이상국가보다는 기독교의 수도원을 더 닮았을 것이다. 마르쿠스는 좀 더 현실적이었다. "플라톤의 유토피아를 희망하지 마라. 네가 아주 조금이나마 나아갈 수 있다면 만족하고, 심지어 그것의 결과가 하찮지 않음을 생각하라"(M. Ant., 9.29).

자면, 3세기 중엽 로마의 공동체는 1500명 이상의 '과부와 빈민'을 지원했다.[76] 또한 그들은 동료 기독교인들에게만 도움을 준 것이 아니다. 율리아누스는 심사가 뒤틀린 채 다음과 같이 말했다. "우리가 우리 자신의 빈민들을 소홀히 하는 동안, 이 불경한 갈릴레아인들은 그들 자신의 빈민들뿐만 아니라, 다른 이들도 먹인다."[77] 나는 4장에서 이 점으로 되돌아올 것이다.

우리가 발견하리라 기대하고 또 발견하는 좀 더 '적극적인' 영향은 적대감의 **내적 투사**이다. 세계에 대한 적의는 자아에 대한 적의 ─ 세네카는 '자기 불만'(displicentia sui)이라고 불렀다 ─ 가 되거나 그것을 동반한다.[78] 이것이 발산하는 방식은 주로 다음 두 가지 중 하나이다. 너무나도 부드러운 양심 ─ 프로이트의 언어로는 심하게 잔소리하는 초-자아 ─ 에 의해 가해진 순전히 정신적인 고뇌를 통해서나 육체적인 자기-처벌 행위, 극단적인 경우에는 자해나 자살을 통해서이다. 자기 비난은 전 시기의 기독교 저자들한테서 잦은데, 이는 그들의 신조가 완수될 수 없는 도덕적 요구를 하기 때문에 당연하다. 이교도들 사이에서 그것은 비교적 드문 편이다.

---

76) Eus., *Hist. Eccl.*, 6.43.11. 재혼에 대한 극심한 반대 분위기로 인해 과부의 운명은 더 가혹했다. 보다 많은 전거는 Harnack, *Mission*, II. ch. iv를 참조하라.

77) Julian, *Epist.*, 84a Bidez-Cumont, 430 d. Cf. J. Kabiersch, *Untersuchungen zum Begriff der Philanthropia bei dem Kaiser Julian*, 1960. 이 책에 대한 보이드의 논평과 브라우닝의 논평 참조(M. J. Boyd in *The Classical Review*, 12, 1962, pp. 167 f.; R. Browing in *The Journal of Hellenic Studies*, 82, 1962, p. 192). 기독교의 상호부조에 대한 이교 측의 좀 더 이른 (마찬가지로 마음 내키지 않는) 전거는 Lucian, *Peregr.*, 13. 뒤의 167~169쪽도 보라.

78) Sen., *De tranq.*, 2.10. 자기 불만에 대한 세네카의 분석은 매우 근대적인 느낌을 주며, 여기에서 내가 한 것보다 더 자세하게 연구할 가치가 있다.

피타고라스주의적인 『황금 시편』(Golden Verses)은 다음과 같이 자기 검토를 권고한다. "네가 하루 동안 하거나 하지 못한 일을 모두 생각하기 전까지는 잠자리에 들지 마라. 악행에 대해서는 너를 비난하고, 선행에 대해서는 기뻐하라." 에픽테토스는 이 조언에 동의하며 인용했고, 세네카는 그것을 실천했다.[79] 불안의 시대에 도덕적 자기 비난의 가장 눈에 띄는 예들은 그 비난이 가장 불필요할 것 같은 곳에서, 즉 마르쿠스 아우렐리우스한테서 발견된다. 세계에 대한 적의는 그에게 최악의 불경이었기 때문에 그는 적의를 자신의 내면으로 돌린다. 그가 스물다섯 살에 프론토(Fronto)에게 보내는 편지에서 이미 그는 철학적 삶을 성취하는 데 실패한 자신에게 화가 나 있다. 그는 말한다. "나는 후회한다. 나는 나 자신에게 화가 난다. 나는 슬프고 불만족스럽다. 나는 굶주린 것처럼 느낀다."[80] 같은 느낌들이 그가 황제가 되었을 때도 그를 따라다녔다. 그는 그 자신의 이상에 못 미쳤으며 훌륭한 삶을 잃었다. 그의 존재가 그에게 상처를 주고 그를 더럽힌다. 그는 자신이 아닌 다른 사람이길, 죽기 전에 '마침내 인간이길 시작하길' 갈구한다. 그가 말하길, "인간에게 자신을 견딘다는 것은 힘겨운 일이다".[81]

---

79) *Carm. aur.*, 40~4, 에픽테토스의 인용 3.10.2; cf. Sen., *De ira*, 3.36.3 ff. 죄의 고백은 비밀이든 공적이든 그리스 전통에는 낯선 것이었지만, 기독교에만 고유한 것은 아니었다. Cf. R. Pettazzoni, *La confessione dei peccati*, 1929~36과 "Confessions of Sins and the Classics", *Harvard Theological Review*, 30, 1937, pp. 1 ff.

80) Fronto, *Epist.* vol. I, p. 216 Leob. Cf. G. Misch, *A History of Autobiography in Antiquity*, II, Eng. trans., 1950에서 마르쿠스에 대한 예리한 연구를 담은 장.

81) M. Ant., 8.1.1; 10.8, 1~2; 11.18.5; 5.10.1. 이러한 문장들을 마르쿠스가 황제가 되기 전에 꾼 꿈과 연결시키고 싶은 유혹에 빠질 법하다. 그 꿈에서 그는 상아로 된 손과 팔을 가진 것처럼 보였지만, 인간의 손과 팔처럼 사용할 수 없었다(Dio Cass., 71.36.1). 종합해 보건대 이런 전거들은 마르쿠스

이 시기의 다른 사람들은 (그리고 마르쿠스 자신도 기분이 다를 때에는) 자아와 육체를 날카롭게 분리하고, 그들의 적의를 후자에게 돌림으로써 스스로를 견뎌 낼 수 있었다. 이 이분법은 물론 고전기 그리스에서 왔고,[82] 그리스가 인간 문화에 준 선물들 가운데 가장 영향력 있으며, 아마도 가장 논란이 되는 것이다. 하지만 우리가 다루는 시대에 그것은 이상하게 사용되었다. 이교도와 기독교인은 (모든 이교도와 모든 기독교인은 아니지만) 육체에 대한 비난을 쌓는 데 서로 경쟁했다. 육체는 '진흙과 헝겊'이며, '더러운 똥오줌 가방'이다. 인간은 마치 더러운 물의 욕조에 있는 것처럼 그것에 빠져 있다. 플로티누스는 아예 육신 안에 있는 것을 부끄러워하는 것처럼 보였다. 성 안토니우스는 그가 먹거나 다른 육체적 기능을 만족시킬 때마다 매번 얼굴을 붉혔다.[83] 육체의 삶은 영혼의 죽음이기 때문에 구원은 육체를 죽이는 것에 놓여 있었다. 한 사막 교부가 표현했듯이, "나는 그것을 죽인다. 왜냐하면 그것이 나를 죽이기 때문이다".[84] 영육의 통일체는 이론적으로뿐만 아니라 실천적으로 둘로

가 심각한 형태의, 근대 심리학자들이 일컫는 '정체성 위기'를 겪은 것을 암시한다. 그런데 그토록 심한 자기 비난이 우리에게 병적으로 보일 수 있지만, 마르쿠스에게는 '영혼의 고문'이 신을 기쁘게 하는 희생(*De esu carn.*, 8)이라고 한 테르툴리아누스의 견해와 같은 것을 암시하는 것은 없다.

82) 나는 이 생각의 기원에 대해 Dodds, *Greeks*, ch. v.에서 논의했다.

83) M. Ant., 3.3; Arnobius, 2.37; M. Ant., 8.24; Porph., *Vit. Plot.*, 1; Athanasius, *Vit. Ant.*, 45, 909 A. 또한 *Regula Pachomii*, 30에서는 수도승들이 먹을 때에 서로 보는 것을 금한다. Jerome, *Epist.*, 107.11: 소녀들은 그들의 전신을 나체로 보지 못하도록 결코 목욕을 해서는 안 되었다. 육체에 대한 다른 태도는 Plut., *Sto. rep.*, 21, 1044 B ff.; Clem., *Strom.*, 4.4.17 f., 4.26.163~5; Origen, *c. Cels.*, 3.42, "육체적인 본성은 그 자체로는 악과 상관없다".

84) *Heraclidis Paradeisos*, I. 이 삶이 영혼의 죽음이라는 생각은 오래된 것으로 헤라클레이토스와 엠페도클레스로 거슬러 올라가지만, 우리가 다루는 시기에 그것은 새로운 강도의 느낌과 결합되어 있다. 육체는 "어두운 감옥, 살아 있는 죽음, 드러난 시체, 우리가 지고 다니는 무덤"이다(*Corp. Herm.*, vii. 2). 최근에 출간된 『토마스 복음』은 육체로부터의 완전한 타자화를 요구한다: "영혼에 매달려

쪼개졌다. 한쪽 절반은 다른 쪽을 고문하는 데에서 만족을 찾았다.

이러한 종류의 금욕주의는 옛 그리스어 ἄσκησις(askêsis)로부터 우리를 멀리 데리고 왔다. 플라톤과 아리스토텔레스에게 그 단어는 단순히 '훈련'을 뜻했다. 그러한 종류의 선례들이 그리스의 초기 가르침 중 이러저러한 금욕적 실천과 관련해서 발견되지만,[85] 그 운동의 기원은 전체적으로 불분명하게 남아 있다. 우리는 그리스도의 시대 직전에 지중해 동부의 여러 지역에서 독립적으로 생성된 수많은 금욕주의 공동체들에 대한 기록을 가지고 있다. 팔레스티나의 에세네파, 마레오티스 호수 주변의 치유자들(Therapeutae), 카이레몬이 묘사한 이집트의 관조자들, 로마의 신피타고라스주의자들. 불행히도, 쿰란 문헌을 제외하고는 이들 가운데 누구도 우리에게 자기 자신의 고유한 목소리로 말하지 않

있는 살에 재앙이 있을지어다! 살에 매달려 있는 영혼에 재앙이 있을지어다!"(110). 육신의 부활을 가르치는 교리는 기독교인들이 육체를 극단적으로 부정하는 것을 저지하는 데 영향을 미쳤을 것이다(Tert. *De res. carn.*, 4 f. 참조). 그러나 그 영향은 심대하지 않았다. 테르툴리아누스는 육신을 '신의 신전'이라고 한 성 바울의 묘사를 인용한 직후(*De anima*, 53), 육신이 영혼을 방해하고 어둡게 만들고 더럽힌다고 말했다. 다니엘루는 3-4세기 기독교 금욕주의가 "이교 금욕주의처럼 육신에 대한 경멸에 기초하지 않았다"고 주장했는데(J. Daniélou, *Origen*, Eng. trans., 1955, p. 12), 이 주장은 내게는 너무 일방적인 것으로 보인다. 이교 금욕주의자 전부가 육신을 비방하진 않았다. 포르피리오스가 말하길, 죄인의 경우 그의 육신이 아니라 영혼을 비난해야 한다(*Ad Marc.*, 29). 다른 한편, 사막 교부들의 태도에 대해서는 다음을 참조하라. Athanasius, *Vit. Ant.*, 22 f.; *Apophth. Patrum*, 10.17; O. Zöckler, *Askese und Mönchtum*, 1, 1897, pp. 236~68. 이러한 육체에 대한 증오는 세계적으로 널리 퍼진 다음과 같은 의미의 ἄσκησις의 실천과는 구분되어야 한다. 즉, (a) 의례적 정화의 수단으로서(대체로 한시적임), (b) 개인의 정기(mana)를 강화하기 위한 수단으로서(H. J. Rose in *Classical Philology*, 20, 1925, pp. 238 ff.), (c) 의지를 강화하기 위한 수행으로서(마지막 것은 전형적으로 피타고라스주의적이다. Diod., 10.5.2; Diog. Laert., 8.13; Iamb., *Vit. Pyth.*, 187; Epict., 3.12.17 참조).

85) J. Leipoldt, "Griechische Philosophie und frühchristliche Askese", *Berichte über die Verhandlungen der Sächsischen Akademie der Wissenschaften*, Philologisch-Historische Klasse, 106, iv, 1961 참조. ἄσκησις에 대한 많은 자료가 L. Bieler, Θεῖος Ἀνήρ, 1, 1935~6, pp. 60~73에 수집되어 있다.

는다. 우리는 오직 간접적 묘사만 가지고 있는데, 거기에서는 문학적인 이상의 제시로부터 역사적인 사실을 구분하기 어렵다. 이들 공동체 가운데 어떤 것이 기독교 금욕주의에 얼마만큼이나 영향을 끼쳤을까? 나는 결정적인 대답을 알지 못한다.

홀과 라이첸슈타인은 아타나시오스의 『안토니우스의 생애』가 이교적인 피타고라스 전기에 어느 정도 빚지고 있다는 것을 밝혔다.[86] 이것은 전혀 놀랄 일이 아니다. 왜냐하면 성인전은 기독교인들과 이교도들에게 공통된 문학 장르였기 때문이다. 이교적 표본들로 필로스트라토스의 아폴로니오스 전기, 마리누스의 프로클로스 전기 그리고 에우나피오스의 신플라톤주의 철학자들 열전이 있다. 그러나, 페스튀지에르가 지적했듯이,[87] 기독교적 금욕주의 실천이 이교적 모델로부터 파생되었다고 추론할 수 없다. 기독교 은수자 운동 이전에 '이교 은수자들'의 존재를 암시하는 몇 가지 빈약한 증거가 있지만, 그들이 사막 교부들에게 영향을 끼쳤다고 결론짓는 것은 성급한 처사일 것이다. 우리는 단지 동일한 심리적 충동이 양쪽에서 작동했을 것이라고 말할 수밖에 없다. 만약 하나의 모델이 있었다면, 그것은 아마도 이교적 모델이라기보다는 아마도 유대교적 모델이었을 것이다.[88]

---

86) K. Holl, *Gesammelte Aufsätze zur Kirchengeschichte*, II, 1928, pp. 249 ff.; R. Reitzenstein in *Sitzungsberichte der Heidelberger Akademie der Wissenschaften*, 1914, Abt. viii (라이첸슈타인은 대개 전거가 엄격하게 정당화할 수 있는 것 이상으로 자신의 논점을 멀리 밀어붙였다. H. Dörries in *Nachrichten der Akademie der Wissenschaften zu Göttingen*, 1949, p. 401 을 보라).

87) A.-J. Festugière in *Revue des Études Grecques*, 50, 1937, p. 478.

88) 우리에게 이름이 알려진 유일한 '이교 은수자'는 소스트라토스(Sostratus)인 것으로 보이는데, 그는 파르나소스산의 야외에서 살았으며, 전적으로 우유로만 연명했다고 한다(Lucian, *Demonax*, I; Plut., *Q. Symp.*, 4.1.1.). 그러나 그의 동기가 종교적이었다는 증거는 없다(그는 도적과 싸우고 도로를 내

이교 금욕주의와 기독교 금욕주의의 주된 차이점은『섹스투스 금언집』을 보면 가장 잘 식별될 수 있다. 이 책은 2세기 말엽 기독교 편집자에 의해 주어진 형태로도 그리고 몇몇 오래된 이교 판본으로도 살아남은 종교적이고 도덕적인 금언들의 선집이다.[89] 이교 금언들의 금욕주의는 (진부하다고 말하지 않는다면) 온건하다. 자제는 경건함의 바탕이다. 우리는 오직 배고플 때만 먹어야 하고, 자야 할 때만 자야 하며, 취하는 것을 피해야 하고, 자손을 낳기 위해서만 성관계를 가져야 한다.[90] 하지만 마지막 점에 대해서 기독교 편집자는 훨씬 더 냉혹한 견해를 취했다. 결혼을 감행한다면, 그것은 '절제의 경쟁'이어야 하고, 자기-거세가 부정보다 선호할 만하다.[91] 기독교와 영지주의의 엄숙주의자들은 이러한 견해를 널리 주장했고, 때때로 실행에 옮겼다.

갈레노스와 오리게네스 양자 모두 동시대 많은 기독교인이 평생 성관계를 삼갔다고 증언한다. 동정은 '최고이자 극치의 성취'였다. 널리 읽힌『바울과 테클라 행전』은 오직 동정을 지킨 자만이 부활할 것

는 일과 같은 실천적 활동에 종사했다). 아라비아 사막에 살았고 한 달에 한 번 식사를 한 플루타르코스의 성인(*Def. or.*, 421 A)은 허구적 존재이다. 하지만 히에로니모스[현재 로마 가톨릭 교회에서 그리스어 이름을 라틴어 이름처럼 사용하는데, 바로잡을 필요가 있다]는 "고독하게 황량한 곳에서 사는 데 익숙한" 피타고라스주의자들에 대해 알고 있었고(*Adv. Jovinian.*, 2.9), 포르피리오스는 그를 보증했다(*De abst.*, 1.36). 은수자 운동의 유대교적 전통은 훨씬 오래되고 강했다(선지자 엘레야, 세례자 요한, 치유자들). 요세푸스(Josephus)는 황야에서 반누스(Bannus) 한 명과 3년을 보냈는데, 후자는 "오직 나무가 제공하는 것으로 옷을 입고, 저절로 자라는 것들을 먹고, 깨끗함을 위해서 밤낮으로 찬물로 자주 씻었다"(*Vita*, 2).

89) 이교의 판본들(클리타르코스의『시나고게 금언집』,『피타고라스 금언집』과 포르피리오스가『마르켈라에게 보내는 편지』에서 사용한 격언들)의 우선성은 채드윅의 경탄할 만한 섹스투스 편집본에서 굳건하게 확립되었다(H. Chadwick, *The Sentences of Sextus*, 1959).

90) Clit., 13(=Sext., 86a); 97; 87; 116; 70(Sext., 232; Clem., *Strom.*, 3.24 참조).

91) Sextus, 239, cf. 230ab; 13. Cf. 273.

이라고 가르쳤다. 마르키온주의자들은 결혼한 사람들에게는 성례(sacraments)를 베풀길 거부했다고 전한다.[92] 초기 교회에서 그것은 흔히 불륜과 마찬가지로 살인과 배교와 함께 용서받지 못할 죄로 분류되었다.[93] 순교자 유스티누스[100~165]는 사기-거세 시도의 경우를 승인하면서 인용했고, 오리게네스는 (우리가 에우세비오스를 믿는다면) 소년보다 좀 더 컸을 무렵 스스로 거세했다. 후대에 그러한 행위들은 사막 교부들 사이에서 드물지 않았다. 4세기에 그것들은 교회법으로 금지될 필요가 있는 것으로 간주되었다.[94] 사막 교부들은 지속적인 육체적 자기-고문의 다수 혐오스러운 예를 제공한다. 몇몇은 기둥 꼭대기 위에서 수년을 살고, 어떤 이는 똑바로 설 수 없는 상자 속에 자신을 가두고, 다른 이들은 서 있는 자세로 영구히 머문다. 다시금 다른 이들은 무거운 사슬을 지고(이들 중 한 명의 해골이 사슬들과 함께 이집트에서 발견되었다), 다른 이들은 사순절 내내 완전히 금식하는 것과 같은 인내의 기술을 자랑스러워했다. 이 목록을 더 연장할 필요는 없다.[95]

---

92) Walzer, *Galen*, p. 15(아랍어 단편); Origen, *c. Cels.*, 7.48; Methodius, *Symp.*, I, 2; *Acta Pauli et Theclae*, 12; Tert., *Adv. Marc.*, 1.29. 『이집트인 복음』은 그리스도가 '여성의 작품을 파괴하기 위하여', 즉 성적 재생산을 종식시키기 위해 왔다고 가르쳤다(Clem., *Strom.*, 3.9.63). 동일한 견해가 이른바 '사도적'(apostolic) 저서(*2 Clem.*, 12)에 피력되었다.

93) 전거로 Kirk, *Vision*, pp. 222~9를 참조하라. 정결한 자들이 부정한 자들에 대해 느낀 적의의 강도는 2세기 『베드로 묵시록』에 드러나는데, 불륜을 저지른 자들에게 사후 고문이 가해졌고, 동성애자들이 자세히 그리고 흥미롭게 묘사되어 있다.

94) Justin, *Apol. i*, 29; Eus., *Hist. Eccl.*, 6.8; Epiphanius, *De fide*, 13; *Apostolic Canons*, 23. Cf. Chadwick, *The Sentences of Sextus*, pp. 110~12. 그러나 거세가 부정보다 선호할 만하다는 의견이 오로지 기독교적인 것은 아니다. 채드윅 교수가 지적한 것처럼, 그것은 유대인 필론(Philo, *Quod det. pot.*, 176)한테도 나타난다. 오리게네스는 『마태복음』 19장 12절에 대한 해석에서 필론과 섹스투스를 인용했지만, 오직 그들을 비난하기 위해서 그랬다(*Comm. in Matt.* 15.3). 자기-공격의 충동은 자기-포기를 통한 자발적인 순교의 몇 경우에서 결정적인 요소이기도 한 것 같다. 4장 각주 105) 참조.

어디서 이 모든 광기가 온 것일까? 다시금 나는 모르겠다. 라이첸
슈타인과 최근의 라이폴트에도 불구하고,[96] 나는 그것의 실질적 뿌리가
헬레니즘 전통에 있다고 믿을 수 없다. 전 단락에서 묘사된 종류의 관
념들이나 실천들에 관해 나에게 알려진 그리스적 상관물은 부적합하고
또 그 전거가 빈약하다.[97] 그것들은 플루타르코스와 에픽테토스와 같은

---

95) Cf. A.-J. Festugière, *Antioche païenne et chrétienne*, 1959, chs. ix, xii ; *Les Moines d'Orient, I. Culture ou Sainteté*, 1961, ch. iii. 사슬에 감긴 해골에 대해서는 C. Butler, *Lausiac History of Palladius*, II, 1898, p. 215를 보라. 그러한 행위에 대한 설명을 구하면서 우리는 물론 자기-정죄의 필요 외의 다른 동기들의 영향을 인정해야만 한다. 많은 경우에 경쟁적인 과시가 강한 요소였다(cf. A.-J. Festugière in *Hermes*, 73, 1955, pp. 272~7). 알렉산드리아의 마카리오스는 금식에서 다른 모든 수도승을 능가했으며, 그 때문에 그들의 성난 질투를 불러일으켰다(*Hist. Laus.*, 18, p. 52.1 ff. Butler). 사라피온은 "내가 너보다 더 죽어 있다"라며 자랑했다(ἐγὼ σοῦ νεκρότερός εἰμι, *Ibid.*, 37, p. 115.17). 동료 은수자들의 '주권적인 오만함'에 관한 히에로니모스의 가혹한 묘사는 설명해 주는 바가 많다(*Epist.* 17). 사막으로 은거하는 동기들 가운데 알려진 것으로 죄의식이 가장 빈도가 높지만, 결코 유일한 것은 아니다. 기독교 은수자 가운데 가장 먼저 기록된 나르키소스(2세기)는 중상모략 당하는 것이 싫어 은거했으며(Eus., *Hist. Eccl.*, 6.9.4~6), 다른 이들은 가족 간의 분쟁에(*Hist. Mon.*, 24.1 ; Callinicus, *Vit. Hypatii*, I) 또는 인류에 대한 단순한 역겨움(*Apophth. Patrum*, 7.33 ; 11.5)에 영향받은 것으로 전한다.

96) Reitzenstein, *Hell. Wund.*, pp. 142 ff. ; Leipoldt, *op. cit.*(앞의 각주 85)를 보라). A. Dihle in *Gnomon*, 34, 1962, pp. 453 ff. 라이첸슈타인의 이론에 대한 주의 깊은 분석과 비판은 Kirk, *Vision*, pp. 491~503을 보라.

97) 주요 원천은 필로스트라토스의 허구적 전기인 『튀아나의 아폴로니오스의 생애』이다. 이것은 완전한 '신적인 인간'의 이상화된 초상이지, 실질적인 삶의 묘사가 아니므로 빈약한 전거이다. 하지만 필로스트라토스가 그의 주인공에게 귀속시킨 금욕주의는 동시대 기독교 기준에 비하자면 상당히 온건하다. 아폴로니오스는 성적 금욕(1.13)과 물론 채식주의를 실천했으며, 피타고라스적인 묵언도 수행했다(1.14 ; 에우세비오스는 이것에 탄복했다. *Adv. Hierocl.*, p. 381 Kayser. 영지주의자 바실레이데스는 이것을 모방했다고 전해진다. *Hist. Eccl.*, 4.7.11). 많은 기독교인과 심지어 온건한 클레멘스가 했듯이(*Paid.*, 3.46~8), 그는 따뜻한 물로 목욕하는 것을 용인하지 않았다(1.16). 그러나 자기-고문이나 육체와의 체계적인 '전쟁'에 대한 암시는 없다. 클레멘스는 피타고라스적 절제를 찬성하면서, 이것이 자손을 얻기 위한 목적으로 성관계 갖는 것을 허용하기 때문에 삶에 대한 증오에 의해 영향받은 것이 아니라는 사실을 지적한다(*Strom.*, 3.24). 그리고 심지어 광적인 고대 후기 신플라톤주의자 테오세비오스도 ── 그는 '모든 이 가운데 가장 절제 있는 자'(ὁ πάντων σωφρονέστατος)로서 자신의 부인에게도 정조대를 채우고 그것을 입고 있거나 아니면 나가라고 말했는데 ── 아이들에 대한 모든 희망이 사라지기 전까지는 그렇게 하지 않았다(Damascius, *Vit. Isidori*, 59). 이에 비해, '순결한 결혼'(mariage blanc)에 대한 찬사는 대중적인 기독교 외서들에서 지속적으로 등장하

이교 도덕론자에 의해 비판받았고, 알렉산드리아의 클레멘스처럼 그리스 문화의 영향을 받은 기독교인은 그것들에 강하게 저항했다.[98] 그것들은 구약에 뿌리를 둔 것도 아니다. 내 생각에 (논란이 된 의미를 지닌 한 단락을 제외하고는)[99] 기독교의 창시자에게 귀속된 가르침들 가운데 어느 것에도 그 뿌리가 있지 않다.

주된 책임은 성 바울이 동정에 부여한 환상적인 의미에 있는 것으로 보인다. 비록 『고린도전서』 7장은 그의 의견이 고린도[코린토스] 공동체의 의견보다 덜 극단적임을 암시하지만 말이다. 어쨌든 엄숙주의자들은 자신들의 심리적 강박관념을 정당화하기 위해 성 바울의 저술들에서 텍스트들을 추려 냈다. 보다 건전한 사람들은 '교회는 노아의 방주처럼 깨끗한 동물들뿐만 아니라, 깨끗하지 않은 동물들을 위해서도 자리를 마련해야 한다'는 견해를 취했다.[100] 그러나 광적인 엄숙주의가 강력한 주입을 통해 교회의 체계 내로 흡수되었다. 거기에서 그것은 마치 느리게 퍼지는 독처럼 머물렀고, (만약 외부인이 판단해도 된다면) 지금까지 교회로부터 추방되지 않았다.

는 주제이다. 테르툴리아누스(*Praescr. haer.*, 40)가 악마 역시 그의 동정녀들과 절제 있는 자들을 가지고 있다고 말할 때, 그는 아마도 어떤 이교 제의들의 의례적 요구들을, 금욕주의가 아니라 금기 사항(taboo)을 생각한다.

98) Plut., *Sto. rep.*, 21, 1044 B ff.; *Q. Conv.*, 7.7, 710 B ff.; *Tuend. san.*, 17, 131 B; Epict., 3.12.1, τὰς ἀσκήσεις οὐ δεῖ διὰ τῶν παρὰ φύσιν καὶ παραδόξων ποιεῖσθαι[금욕을 본성에 어긋나고 상식에 어긋나는 것들을 통해 해서는 안 된다]. 클레멘스의 결혼 옹호, *Strom.*, 3.86; 육식 옹호, *Paed.*, 2.9.2; 음주 옹호, *Paed.*, 2.32; 부의 소유 옹호, *Paed.*, 3.34~6 참조.

99) Matt. xix. 12. Cf. H. von Campenhausen, "Die Askese im Urchristentum", *Tradition und Leben*, 1960, pp. 114~56.

100) Anon., *Ad Novatianum*, 2(Cyprian, *Corpus Scriptorum Ecclesiasticorum Latinorum*, III, iii, 1871, p. 55).

하지만 그것은 다른 이야기이다. 내가 이 장에서 보여 주려고 시도한 것은 인간 조건에 대한 경멸과 육체에 대한 증오가 이 시기의 문화 전체에 퍼져 있는 전염병이었으며, 더욱 극단적인 형태로는 주로 기독교인이나 영지주의자에게 나타났지만, 그것의 징후는 더욱 온건한 형태로 순수한 그리스 교육을 받은 이교도한테도 드러났다는 점이다. 그리고 이 병은 광범위하고 다양한 신화와 환상 속에서 표현되었는데, 어떤 것들은 그리스적 원천에서, 다른 것들은 (자주 변화된 의미와 변화된 강조와 함께) 동방적인 원천에서 유래했지만, 또 다른 것들은 명백히 새로웠다. 나는 이 전체적인 전개를 외인성 감염병이라기보다는 내인성 신경증, 격렬하면서도 널리 퍼진 죄의식의 지표로서 보는 쪽이다. 3세기의 물질적 곤궁이 분명 이를 부추겼지만, 일으킨 것은 아니다. 왜냐하면 우리가 본 것처럼, 그것의 시작은 더 이전에 놓여 있기 때문이다.

2장 인간과 신령한 세계

우리는 우리가 이해하는 척하는 힘들에 의해 살게 된다.
—W. H. 오든

1장에서 나는 초기 기독교 세기들에 일어난 우주의 점차적인 가치 절하(다른 말로, 물질적 세계로부터 신성의 점차적인 철수)와 그에 상응하는 일상적인 인간 경험의 가치 절하를 묘사했다. 다음 두 장에서 나는 2~3세기로부터 살아남은 기록에 나오는 몇 가지 비일상적인 경험을 묘사할 것이다. 이 장에서 나는 플라톤이 신령적인 것을 규정한 『향연』 속의 구절을 나의 텍스트로 삼을 것이다. 디오티마가 소크라테스에게 다음과 같이 말한다. "모든 신령한 것은 신과 필사자(必死者) 사이의 중간입니다. 인간들의 소망을 신들에게, 신들의 의지를 인간들에게 해석해 주고 전달하면서, 둘 사이에 서 있고, 간극을 메웁니다. … 신은 인간과 접촉하지 않습니다. 오직 신령한 것을 통해 신들과 인간들 사이의 교제와 대화가 있습니다. 깨어 있든 잠들어 있든. 그리고 그러한 교제에 정통한 인간은 신령한 인간입니다. 그와 비교해 볼 때, 기술이나 손재주에 있어 전문가들은 장인에 지나지 않습니다."[1] 모호한 용어 '신령'(daemon)과 '신령스러운 것'(daemonios)에 대한 이러한 정확한 정의는 플라톤의 시대에는 뭔가 새로운 것이었지만, 기원후 2세기에는 자명한 진술이었다. 아마도 모든 이교도, 유대인, 기독교인 또는 영지주의자는 그러한 존재들의 존재와 중개자로서의 기능을 믿었다. 그 존재자들을 신령들이라고 부르든지 아니면 천사들이나 아이온들 또는 단순히 '영들'(pneumata)이라 부르든지 간에 말이다. 많은 경건한 이교도 눈에 그리스 신화의 신들조차 이 시기에 이르면 중개하는 신령들, 즉 보이지 않는 초세계적인 왕의 총독들에 불과했다.[2] 그리고 그들과 접촉할 수 있는 '신령한 인간'은 그에 상응하는 존경을 받았다.

나는 꿈꾸는 자들에 대한 논의부터 시작할 것이다. 테르툴리아누스는 "인류의 대다수는 신에 대한 지식을 꿈에 빚지고 있다"라고 말한다.[3] 이러한 감성은 E. B. 타일러가 찬동했을 법한 것이다. 분명, 초자연적 존재와의 온갖 접촉 가운데 꿈은 고대에서 가장 널리 실천되는 것이었고

---

1) Plato, *Symp.*, 202 D 13~203 A 6. [도즈의 의역에 따라 번역했다. 그리스어 원전을 번역하면 다음과 같다. "사실 신령한 것은 모두 신과 필사자 사이에 있습니다. … 인간들로부터 온 것을 신들에게, 신들로부터 온 것을 인간들에게 해석해 주고 전달해 줍니다. 전자는 탄원과 제사이고, 후자는 지시와 제사의 대가입니다. 그들 사이에 있어서 간극을 메워 주고 … 신이 인간과 직접 섞이는 것이 아니라 바로 이 신령한 것을 통해서 인간들과의 모든 교제와 대화가 신들에게 ── 그들이 깨어 있건 잠들어 있건 ── 있게 됩니다. 그리고 이런 일에 있어 지혜로운 자가 신령한 사람인 데 비해, 기술 일반이나 특정한 손재주에 있어 지혜로운 자는 그저 미천한 장인일 뿐입니다."]

2) 가령 (Ar.), *De mundo*, 6; Aristides, *Orat.*, 43.18 Keil; Celsus *apud* Origen, *c. Cels.*, 7.68; 뒤의 147쪽 이하를 보라. 플루타르코스는 신탁의 작용을 하위의 정령들에게 귀속시켰다(*Def. orac.*, 13, 417 A). 이와 관련하여 로마 제국의 동전들은 신화적인 신들의 모상이 교육적인 추상에 의해 점차 대체되는 경향을 보여 준다(F. Gnecchi, *Monete Romane*, 3rd ed., 1907, pp. 290~9). 적어도 식자층 사이에서의 일신교 경향의 중요성은 M. P. Nilsson in *Harvard Theological Review*, 56, 1963, pp. 101 ff.에 강조되었다. 그러나 기독교인들과 마찬가지로 이교도들도 그들과 최고 신 사이에 접근 가능한 중개자를 필요로 했으며, 기독교뿐만 아니라 이교도 그러한 인물들을 제공했다.

3) Tert., *De anima*, 47.2. 그러나 그는 많은 꿈들은 악령들이 보낸다고 주장했다. 이것은 호교론자들의 일반적 견해였다(Justin, *Apol. i*, 14; Tatian, *Orat.*, 18; Athenag., *Leg.*, 27).

여전히 그렇다. 시네시오스가 언급했듯이, 그것은 노예와 백만장자에게 똑같이 열려 있는 유일한 점치기(divination) 방식이다. 왜냐하면 그것은 전혀 돈이 들지 않고, 아무 장비도 필요로 하지 않기 때문이다. 그리고 어떤 참주도 그가 신하들에게 잠자는 것을 금지하지 않는 한, 그것을 금지할 수 없다.[4] 이것은 의심할 여지 없이 이교적 점치기 실천들 가운데 꿈이 기독교 교회에 의해 용인된 이유 중 하나이다. 그러나 점을 치는 꿈은 확고한 성서적 권위 또한 가지고 있다. 성 베드로는 스스로 "너의 늙은이들이 꿈을 꿀 것이고, 너의 젊은이들이 환시를 볼 것이다"라는 예언자 요엘의 말을 인용하지 않았던가?[5]

'신성한' 또는 '신탁적인' 꿈에 관한 그리스 고전기 전통에 관해서는 나의 책 『그리스인들과 비이성적인 것』에서 말한 것을 반복하지 않겠다. 한 가지만 지나가면서 언급하겠다. 나는 고대에 그처럼 자주 기록된 '신성한' 꿈들이 실질적인 꿈-경험에 있어서 고대인과 현대인의 차이를 반영한다는 것을 그 책을 썼을 때보다 지금은 덜 확신한다. 제프리 고러(Geoffrey Gorer)는 그 사이에 다음과 같은 사실을 나에게 지적해 주었다. 우리가 우리 꿈에서 기억하는 것은 상당 부분 우리가 기억할 가치가 있다고 생각하는 것에 의존하며, 그 결과 고대의 꿈 기록은 원래의 꿈 경험을 매우 단순하게 제시할 수 있다는 것이다. 이 견해에 따르면, 문화적으로 결정되는 것은 실제로 꾼 꿈의 패턴이 아니라, 단지 기억 속

---

4) Synesius, *De insomniis*, 8. 만약 이 논고가, 그렇게 보이듯 시네시오스의 이교적 시기에 속한다면, 참주적 금지는 아마 이교적 점술 방식에 반대한 기독교 황제들의 칙령을 가리키는 것일 것이다.
5) Joel ii. 28. 『사도행전』 2장 17절에 인용된다.

에서 꿈이 상응하는 패턴이다. 하지만 이것은 지나가는 말이다. 나는 고대 세계로부터 우리에게 이르기까지 유일하게 보전된, 한 특이한 개인에 의해 경험된 긴 일련의 꿈을 묘사하는 일로 넘어가겠다.

마르쿠스 아우렐리우스가 자기성찰과 자기비판을 기록하고 있었던 시기에 그의 동시대인 아일리우스 아리스테이데스는 매우 다른 종류의 일기를 쓰고 있었다. 그것은 '일기'(日記)가 아니라, 시네시오스가 이후 '야기'(夜記)라고 부른 것이었다. 그것은 밤마다 그가 꾼 꿈들의 기록이며, 그와 신적인 치료자 아스클레피오스가 나눈 대화의 기록이다. 그는 그것이 '온갖 치료책과 몇몇 대화와 이어지는 연설, 모든 종류의 환시, 만사에 대한 아스클레피오스의 모든 예언과 신탁을 일부는 산문으로, 일부는 운문으로'[6] 포함한다고 우리에게 말한다. 세월이 흐르면서 이 밤의 책들은 총 30만 행으로 쌓였다.[7] 아리스테이데스가 마침내 그것들을 쓰기에 이르렀을 때, 그것들을 분류하기 어렵다고 여겼다. 그는 그것들의 날짜를 기록해 두지 않은 것으로 보인다. 그리고 그중 일부는 집안 문제로 인해 소실되었다. 그러나 그는 남은 것들을 모으고 자신

---

6) Aristides, *Orat.*, 48.8 Keil(『성스러운 가르침』에 대한 나의 모든 전거 제시는 이제 재인쇄되어 습득이 가능한 카일의 편집본에 의거한다). 아리스테이데스에 대한 표준적인 연구서는 여전히 A. Boulanger, *Aelius Aristide et la sophistique dans la province d'Asie au IIe siècle de notre ère*, 1923이다. U. von Wilamowitz-Moellendorff, "Der Rhetor Aristeides", *Sitzungsberichte der Preussischen Akademie der Wissenschaften*, 28, 1925 또한 참조하라. 『성스러운 가르침』에 대해서는 다음을 참조하라. Misch, *A History of Autobiography in Antiquity*, II, pp. 495~510; O. Weinreich in *Neue Jahrbücher für das klassische Altertum*, 33, 1914, pp. 597 ff.; C. Bonner in *Harvard Theological Review*, 30, 1937, pp. 124~31; E. D. Phillips in *Greece & Rome*, 21, 1952, pp. 23~36; Festugière, *Personal Religion*, pp. 85~104(많은 부분의 번역 포함).

7) *Orat.*, 48.3. 불랑제가 행수를 3만으로 제시한 것은 잘못이다(다른 이들은 그를 베꼈다).

의 기억으로 보충해서 그다지 정합적이지 않은 순서에 따라『성스러운 가르침』[8]의 현전하는 다섯 권을 완성했으며, 그가 죽음을 마주했을 때 막 6권을 시작하고 있었다. 그것들은 이교 세계가 우리에게 남긴 최초이자 유일한 종교적 자서전을 구성한다.

아리스테이데스는 소아시아의 부유한 지방 귀족의 아들이었다. 그는 그의 시대가 제공하는 최고의 교육을 받았다. 그의 개인 교사는 나중에 마르쿠스 아우렐리우스를 가르쳤다. 그는 20대에 이미 두루 읽었고 널리 여행했으며, 멋진 연설가이자 최상의 아티카 문체를 자랑하는 대가였다. 26세에는 로마를 방문해 황궁에 자신을 선보였다. 그를 적어도 12년간 만성병자로 만들고 그의 인격을 평생토록 바꾸어 버린 긴 병들의 연쇄에서 첫 번째 병에 걸려 쓰러졌을 때, 그의 앞에는 입신출세의 길이 크게 열려 있었다. 그의 병은 전부는 아닐지라도 대부분 심신증 유형이었다. 그가 전한 증세들에서 우리는 급성 천식과 다양한 과민증을 발견하는데, 이것들은 극심한 신경 두통, 불면증과 가혹한 소화불량을 일으켰다.[9] 그러므로 그가 수면 중에 그의 신으로부터 받은 이상한 처방들이 자주 적어도 최악의 증세를 일시적으로 완화했다는 것은 그다

---

8) *Hieroi logoi* (*Orat.*, 47~52 Keil). 통상적인 번역인 '성스러운 담화'는 오해를 불러일으킨다. 그 책들은 아리스테이데스의 대부분의 다른 저술처럼 단순히 공적인 연설이 아니다. 제목은 꿈속에서 아스클레피오스가 정해 준 것이며(48.9), 아마도 헤로도토스 2,81.2, 플라톤의『제7서한』235 A 등과 같이 신적인 계시를 암시한다. Cf. Festugière, *Personal Religion*, p. 88, 168.

9) 천식, 48.6, 48.57(가로로 눕는 것이 불가능함) 등; 과민증, 49.17; 두통, 48.57; 불면증, 47.5, 48.58; 소화불량, 47.5 등. 전문적인 의학적 소견을 환영한다. 아리스테이데스의 증세들은 어떤 경우에도 완치된 것으로는 보이지 않는다. 아마도 페스튀지에르가 표현한 것처럼 "그는 근본적으로 치료되길 원하지 않았다. 치료된다는 것은 더는 신의 현전과 동반을 누릴 수 없음을 의미했을 것이다. 하지만 환자가 필요로 했던 것은 바로 신의 동반이었다"(*Personal Religion*, p. 86).

지 놀랍지 않다. 그의 꿈들 자체도 전문적인 심리학자의 관심을 받을 만한데, 언젠가 그렇게 되길 나는 바라고 있다.

아리스테이데스의 꿈들은 세 개의 주요 그룹으로 나뉜다. 끔찍한 불안-꿈들이 있는데, 꿈속에서 그는 독살되거나 황소에 쫓기거나 이방인들에게 공격받는다. 가장 자세히 묘사된 꿈에서는 그가 긴 터널 안에서 칼을 들이대려는 의심스러운 자들에게 둘러싸여 있는 자신을 발견한다.[10] 다음으로 과대망상증적 꿈들이 있는데, 거기에서는 그의 망가진 이력이 후하게 보상받는다. 그는 낮에는 자리보전하는 한편, 밤에는 황제와 대화를 나눈다. 그는 자신이 알렉산드로스 대왕과 함께 공적 기념비를 공유할 것임을 알게 된다. 비밀스러운 목소리들이 그가 데모스테네스보다 더 위대한 연설가이며, (더욱 놀랍게도) 플라톤과 투키디데스가 하나로 합쳐진 인물이라고 확언해 준다.[11] 그리고 마지막으로 헤아릴 수 없이 많은 '신성한' 꿈들이 있는데, 그 꿈들 속에서 그는 자신의 후원자를 만나거나 어떤 식으로든 암시를 받는다.[12] 결코 전부는 아니지만, 이 꿈들의 대부분은 내용상 의학적이다.

아리스테이데스 자신이 언급한 것처럼 꿈-처방들은 역설적이고,

---

10) *Orat.*, 47.22; cf. 47.9; 47.13; 47.54. 이 터널 꿈은 카라칼라의 꿈으로 알려진 것과 비교될 수 있다. 카라칼라는 그의 아버지와 형이 칼을 들고 쫓아오는 꿈을 꾸었다고 한다(Dio Cass., 77.15).

11) *Orat.*, 47.36~8, 46; 50.19, 49, 106; 51.59.

12) 매우 일상적인 꿈들이 기발한 해석을 통해 강제적으로 '신적인' 꿈이 된다. 그래서 도랑을 파는 것은 구토제를 먹으라는 처방이고(47.50), 메난드로스가 쓴 책은 여행하지 말라는 경고이며(47.51: Menandros=menein ton andra[남자가 머무는 것]), 아리스토파네스의 『구름』을 읽는 것은 비가 내릴 날씨를 의미한다(51.18). 다른 예들은 다음을 참조하라. Festugière, *Personal Religion*, pp. 101 f. 아르테미도로스와 프로이트처럼 아리스테이데스는 말장난(pun)이 꿈의 세계에서 중요한 요소임을 알고 있었다.

자주 놀랄 만큼 잔인하다. 그가 5년 이상 온욕을 삼가고, 겨울에 맨발로 달리며, 서리 낀 강에서 목욕하고 얼음처럼 차가운 바람에 진흙에서 목욕하고, 심지어 배 멀미를 하도록 강요되었을 때,[13] 이러한 신적인 처방들이 이시스신 신봉자들의 고행과 몇몇 기독교 금욕주의자의 자해 행위와 비슷하다는 사실을 인식할 수밖에 없다.[14] 그리고 우리는 그것들이 동일한 심리학적 근원을 가지고 있다고 추측할 수 있다. 왜냐하면 이들에게 무의식적 죄에 대한 부단한 속죄가 육체적 또는 정신적 건강을 위해 치러야 할 대가였기 때문이다.

무해한 상징적인 형태의 예행을 통해 어떤 상상의 위협적인 악을 피하려는 충동 또한 특징적이다. 그러니까 그는 진짜 난파를 피하고자 모방 난파를 겪어야 한다. 그는 '매장지에서' 자신에게 먼지를 뿌려야 한다. 그가 말하는 대로, "이것 [매장] 역시 모종의 방식으로 이행될 수 있다". 그는 심지어 '몸 전체의 안전을 위해' 한 손가락을 희생해야만 한다. 비록 이것은 결국 반지의 희생으로 변경되긴 했지만 말이다.[15] (내가 착각하지 않았다면, 이 마지막 예는 어두운 터널 안에서 나쁜 사람들에 의해 신체 훼손으로 위협받는 어린 소년과 연결된다.) 그리고 만약 이러한 개인적

---

13) *Orat.*, 47.59, 65; 48.18~23, 74~80. 처방의 '역설적' 본성에 대하여 36.124; 42.8~9 참조.

14) 이시스신 신봉자들은 겨울 티베르 강에서 얼음을 깨야만 했다(Juv., 6.522). 얼음장 같은 물에서 목욕하고 겨우내 맨발로 다니는 것 또한 사막의 교부들이 선호하던 수행이다. 아리스테이데스의 진흙 목욕은 의학적 목적을 가진 것이 명백하지만, 플루타르코스가 묘사한 참회를 위한 진흙 목욕(*De superstit.*, 7, 168 D)과 루키아노스의 『페레그리노스의 죽음』, 17에 나오는 이집트 금욕주의자들의 진흙 목욕과 비교될 수 있다.

15) *Orat.*, 48.13~14; 50.11; 48.27. 모방 매장은 이시스 종교의 죽음의 예행 의식(Apul., *Met.*, 11.23.7)과 성사(theurgy)의 매장의 예행 의식(Proclus, *Theol. Plat.*, 193.38 Portus)을 연상시킨다. 손가락 희생에 관해서는 Dodds, *Greeks*, ch. iv, n. 79와 G. Devereux, *Reality and Dream*, 1951, p. 84를 참조하라.

인 희생들이 운명의 여신을 진정시키기에 충분치 않다면, 그는 자신의 친구들을 희생시킬 것이다. 그는 아무런 거리낌 없이 친구 두 명이 각각 두 가지 경우에 비자발적으로 아드메토스를 위해 죽은 알케스티스 역할을 맡아 자신의 소중한 생명을 위해 무의식적인 대리인으로서 죽었다고 우리에게 이야기한다.[16]

이와 같은 자료를 마주하면, 인내심이 없는 현대 독자는 아리스테이데스를 오직 정신과 의사의 관심을 끄는 "정신 이상의 얼간이"(brainsick noodle)[17]로 일축하고 싶을 것이다. 그는 정신 이상이다. 그것도 그다지 유쾌하지 않은 방식으로 그렇다. 하지만 그의 경험은 종교적인 것으로 분류되어야 한다. 이것이 내가 그를 여기에 소개하는 이유이다. 그는 자신이 위대한 치유사의 종이자 대변자로 신에 의해 선택된 사람이라고 믿었다.[18] 아스클레피오스가 꿈에서 그에게 신비적인 말 σὺ εἶ εἷς("너는 [선택된] 하나이다")을 말했을 때, 그는 이것이 자신의 모든 고통을 보상하고 자신의 존재에 의미를 복원한다고 느꼈다. 이후 그는 변해야만 했다. 그는 신과 합일해야만 하고, 그렇게 인간 조건을 넘어서야 했다. 이 새로운 삶에서 그는 새로운 이름인 '테오도로스'를 취한다. 왜냐하면 그에게 속한 모든 것이 이제 신의 선물이기 때문이다.[19] 지금부

---

16) *Orat.*, 48.44; 51.19~25. 그러한 상상들은 깊숙이 자리한 죄의식을 표현한다("죽어야 한 사람은 나이다"). 또 다른 거룩한 꿈의 중독자도 비슷한 경험을 했다. 융은 한번 그가 심하게 아팠을 때, 그를 보살피는 의사가 그 대신 죽을 것이라는 생각에 빠져 있었는데, 이 생각은 꿈에 근거한 것이었다(C. G. Jung, *Memories, Dreams, Reflections*, Eng. trans., 1963, p. 273).

17) 이 표현은 보너의 것이다(*Harvard Theological Review*, 30, p. 129). 하지만 그는 아리스테이데스가 '진정성 있고 세련된 종교적 감성'을 가졌다고 정당하게 지적했다.

18) *Orat.*, 42.12. [그리스어 'hypokrites'는 배우를 뜻하는데, 도즈는 'mouthpiece'로 빈안했다.]

19) *Orat.*, 50.51~3. Cf. 42.7.

터 그는 신의 승인 없이는 크고 작은 일에 있어 아무것도 하지 않을 것이다. 왜냐하면 '모든 것이 신에 대한 순종에 비하면 허튼 짓'이기 때문이다.[20] 실제로 그는 더 이상 혼자가 아니다. 신경쇠약자의 지긋지긋한 외로움에 갇혀 있지 않다. 그는 도와주는 이를 발견했으며, 그분의 현전이 형용할 수 없는 기쁨을 주었다.[21]

아스클레피오스는 의료적 조언자로 시작하여 점차 아리스테이데스 삶의 전역으로 도움을 확대했다. 그는 독서에 관해 조언했고, 기발한 생각을 불어넣었으며, 연설의 서두나 시의 첫 소절을 제시했고, 때때로 미래를 내다보는 은총을 베풀었는데, 이것은 대개 단기적인 날씨 예보의 형태였다(아리스테이데스는 날씨에 특별히 민감했다).[22] 우리는 이처럼 기이한 인간과 신의 공생을 어떻게 해석해야 할까? 그 답의 한 가지 실마리는 아마도 아리스테이데스의 다음 꿈에 놓여 있을 것이다. 그 꿈에서 그는 자신의 조각상을 마주했는데, 그것이 아스클레피오스의 조각상으로 변하는 것을 보았다.[23] 아리스테이데스에게 이 꿈은 자신과 신적 후원자의 합일을 상징하는 것이다. 우리는 그것을 아마도 파괴된 인격의 회복을 상징하는 것으로 볼 수 있다. 그러한 인격은 이상적 아버지의

---

20) *Orat.*, 50.102; 51.56.

21) 아스클레피오스를 보는 장면에 대한 감동적인 묘사(48.32)를 참조하라. Dodds, *Greeks*, p. 113에 번역되어 있다.

22) *Orat.*, 47.38; 50.24~6, 31, 39, 45. 예언들: 48.26, 48, 54 등. 문학의 후원자로서의 아스클레피오스에 대해서는 E. J. Edelstein and L. Edelstein, *Asclepius*, II, 1945, pp. 206~8. 그의 예언적 기능에 대해서는 *Ibid.*, pp. 104 f.를 보라.

23) *Orat.*, 47.17. 내가 아는 한, 가장 근접한 예는 다마스키오스의 『이시도로스의 생애』에서 발견된다 (Phot., *Bibl.*, cod. 242, p. 345 a Bekker). 다마스키오스는 그가 아티스이며 퀴벨레로부터 의례에 대한 가르침을 받는 꿈을 꾸었다. '신격화'(divinization) 일반에 대해서는 100~106쪽을 보라.

이미지와 자신의 동일화를 통해 평화를 찾았다.

아리스테이데스와 아스클레피오스의 관계는 그 강도와 지속에서 분명 독특했다. 그러나 그것의 선례는 풍부하다. 켈수스는 아스클레피오스가 몸소 '다수의 사람에게, 그리스인과 이민족 모두에게' 나타나서 치료하고 미래를 예언했다고 장담한다. 그리고 그의 주장은 감사하는 환자들에 의해 봉헌된 현전하는 수많은 명문에 의해 확인된다.[24) 아리스테이데스의 동시대인들 가운데 튀로스의 막시무스는 깨어 있는 상태에서 그러한 광경을 누렸다. 마르쿠스 아우렐리우스는 현기증과 각혈을 치료하는 데 도움을 준 꿈들에 대해 신들에게 감사했다. 심지어 위대한 의사 갈레노스 또한 꿈들의 조언에 따라 행동함으로써 많은 생명을 구했다고 믿었다.[25) 또 다른 동시대인은 아르테미도로스인데, 그는 모든 가능한 원천으로부터 꿈을 수집하고 분류하고 해석하는 데 일생을 바쳤다. 아리스테이데스의 신앙은 그의 시대의 신앙이었다. 에이트렘의 말로 표현하자면, 그 시대에 "백주의 실재에 대한 믿음이 멈추어지고 있었다".[26)

꿈에 대한 기독교의 태도는 원칙상 다르지 않았다. 다만, 의료적 목적에서 아스클레피오스의 신전에서 수면을 취하던 것이 순교자나 성인의 성지에서 수면을 취하는 것으로 대체되었을 뿐이다. 후자는 그리스

---

24) Origen, *c. Cels.*, 3.24. 다음 책에 명문들이 수합되고 논의되었다. Edelstein, *Asclepius*. 루키우스의 입문의식에 대한 아풀레이우스의 설명에서 꿈의 중요한 역할을 참조하라. 또한 다음 논의도 참조하라. Nock, *Conversion*, ch. ix.

25) Max. Tyr., 9.7; M. Ant., 1.17.9; Galen, vol. xvi, p. 222 Kühn.

26) S. Eitrem, *Orakel und Mysterien am Ausgang der Antike*, 1947, p. 52.

에서 오늘날까지 존속한다.[27] 종교적 내용의 꿈들은, 우리가 기대할 법하듯이 초기 교회에 자주 있었으며 매우 심각하게 다루어졌다. 한 주교가 최후의 심판이 가까이 왔다는 꿈을 꾸면, 신자들은 경작지를 일구기를 멈추고 전적으로 기도에 몰두했다. 오리게네스에 따르면, 많은 이가 꿈이나 깨어 있을 때의 환시를 통해 기독교로 개종했다.[28] 다른 이들에게 꿈은 그들의 정신적 삶에 있어서 위기를 표시했다. 고백자 나탈리우스는 거룩한 천사들이 밤새도록 자신을 채찍질하는 꿈을 통해 이단에서 구제되었다. 니사의 그레고리오스는 마흔 명의 순교자가 자신의 태만함을 꾸짖는 꿈을 통해 관조적 삶으로 전향했다. 아우구스티누스의 친구인 의사 겐나디우스는 꿈을 통해 영혼의 불사에 대해서 확신을 얻었다. 심지어 매우 실용적인 사람인 퀴프리아누스 또한 지속적으로 꿈의 권고에 따라 행동했다.[29]

내가 짐작하기에, 모든 기록된 꿈 가운데 가장 영향력 있는 것은 콘스탄티누스가 밀비우스 다리 전투 전날 밤에 꾼 꿈이다. 그 꿈에서 그는 마술적 합일 문자 키 로(chi rho)*를 보았고, "이 신호 아래에 승리가 있

27) E. Lucius, *Die Anfänge des Heiligenkults in der christlichen Kirche*, 1904, pp. 252~70; L. Deubner, *De incubatione*, 1900, pp. 56 ff.; B. Schmidt, *Das Volksleben der Neugriechen und das Hellenische Alterthum*, 1871, pp. 77~82; J. C. Lawson, *Modern Greek Folklore and Ancient Greek Religion*, 1910, p. 302. 몬타누스주의자는 새 예루살렘으로 예정된 페푸자(Pepuza)에서 수면 의식을 거행했다 (Epiphanius, *Haer.*, 49.1~2).

28) Hippolytus, *In Dan.*, 4.19; Origen, *c. Cels.*, 1.46. 꿈에 순종하는 행동의 모범으로 성 바울이 있다(『사도행전』 16장 9절 이하).

29) Eus., *Hist. Eccl.*, 5.28.8~12; Greg. Nyss., *In xl martyres*(P. G. 46, 784 D~785 B); Augustine, *Epist. ad Evodium*, 159.3; Cyprian, *Epist.* 9.3~4(cf. A. Harnack in *Zeitschrift für die neutestamentliche Wissenschaft*, 3, 1902, pp. 177~91). 다른 예들은 Labriolle, *Crise*, p. 342에 인용되어 있다.

으리라"라고 들었다.[30] 나는 여기에서 이 꿈에 대해 들끓었던 토론으로 들어갈 수 없다. 그러나 우리는 그 꿈에서 군중에게 깊은 인상을 주기 위해 고안된 정치적인 발명품을 보았던 19세기 역사가들의 합리주의적 견해를 채택할 필요는 없다.[31] 콘스탄티누스가 그의 신하들과 미신을 공유했다는 데에는 독립적인 근거가 있다.[32] 그러나 그는 퀴프리아누스처럼 미신적 신앙과 행정적 필요에 대한 실용적인 의식을 완벽하게 결합할 수 있었다. 그의 꿈은 실제로 유익한 목적에 종사했지만, 그것이 그 꿈이 허구였음을 증명하지 않는다. 우리가 지금 아는 것처럼, 꿈들은 의도적이다.

그러나 심리학적 관점에서 우리가 다루는 시기에 기록된 가장 흥미로운 기독교적 꿈은 22세 기혼 여성으로서 202~3년 카르타고에서 순교한 성 페르페투아에게 귀속된 것이다. 내가 '귀속된'이라고 말하는 이유는 순교자 열전이 매우 의심스러운 문학 종류이며, 『페르페투아의 수

---

* X와 P의 합일 문자 ✸.

30) 이것은 거의 동시대인이었던 락탄티우스에 의해 주어진 설명이다(*De mort. pers.*, 44). 여러 해가 지난 후 노년의 콘스탄티누스는 갈리아에서 어느 날 오후 "그 자신과 군대 전체가" 하늘에서 본 현상을 상기했으며, 그것을 그의 꿈과 연결하게 했고, 그것을 에우세비오스에게 전했다(Eus., *Vit. Const.*, 1.28). 여기에서 선의의(bona fide) 기억에 대한 이차적인 정교화를 의심해야만 한다. 물론 무언가 드문 것이 그 오후에 보였다. 천체 현상(해무리, 환일 등)은 위기의 시기에 간절히 관찰되었으며, 리비우스에 의해 종종 무언가의 전조로서 기록되었다. 그러나 이 전조는 그것의 발생 당시에는 기독교적 의미로 거의 해석되지 않았다. 그렇지 않았다면 락탄티우스가 그것을 모를 리가 없고, 그의 침묵은 매우 이상한 일일 것이다. 락탄티우스에 따르면, 키 로는 악령을 겁먹게 하는 문자였다(Lact., *Div. inst.*, 4.27.1).

31) 합리주의적 견해에 대한 반론으로 N. H. Baynes, "Constantine the Great and the Christian Church", *Proceedings of the British Academy*, 15, 1929~31; A. Alföldi, *The Conversion of Constantine and Pagan Rome*, Eng. trans., 1948, ch. ii; A. H. Jones in Momigliano, *Conflict*, pp. 33 f.를 참조하라.

32) 콘스탄티노폴리스는 꿈에서 받은 명령으로 건설되었다(*Cod. Theod.*, 13.5.7; Sozomen, *Hist. Eccl.*, 2.3.3).

난』(*Passio Perpetuae*)[33]은 우리가 그것의 증언을 수용하기 전에 논의할 필요가 있기 때문이다. 그것은 두 개의 일인칭 문서로 구성되어 있다. 이들 중 하나는 처형을 기다리며 페르페투아가 쓴 일종의 옥중 일기라고 할 수 있는데, 당시 상황과 함께 네 개의 꿈에 대한 자세한 설명을 포함한다. 다른 하나는 같은 때에 순교한 사튀로스가 이야기해 준 환시로 이루어져 있다. 이 문서들에 익명의 편집자가 순교자의 명단, 페르페투아에 대한 몇 가지 사실, 그리고 실제 순교에 대한 긴 설명을 덧붙였다. 이 모든 것이 우리에게 라틴어와 그리스어 판본으로 전승되었다.

『페르페투아의 수난』을 논한 대다수의 교회사가는 아무런 의문 없이 편집자의 진실성과 포함된 문서들의 진정성을 받아들였다. 그러나 매우 훌륭한 심판자인 에두아르트 슈바르츠는 두 문서 모두 편집자에 의해 위조되었다고 생각했다.[34] 나에게는 작품의 상이한 요소들이 매우 불균등한 가치를 가진 것으로 보인다. 유혈이 낭자하고 교화적인 편집자의 서사는 무엇보다도 나중에 『페르페투아 행전』(*Acta Perpetuae*)[35]

---

33) 입문과 해설이 실린 최근 편집본으로 C. van Beek, *Passio Sanctarum Perpetuae et Felicitatis*, 1936이 있다. 근대의 비평적 논의는 1890년 해리스(J. R. Harris)와 기포드(S. K. Gifford)가 그리스 원문을 처음으로 출판했을 때 시작했다. 중요한 연구로는 J. A. Robinson in *Texts and Studies*, I, ii, 1891; L. Duchesne in *Comptes rendus des séances de l'Académie des Inscriptions et Belles-Lettres*, iv, 19, 1891~2, pp. 39 ff.; A. Harnack, *Geschichte der altchristlichen Litteratur bis Eusebius*, II, ii, 1904, pp. 321~4; Pio Franchi de' Cavalieri, *Römische Quartalschrift für Christliche Altertumskunde und Kirchengeschichte*, 5, Suppl.-Band, 1896; Labriolle, *Crise*, pp. 338 ff.; E. Rupprecht in *Rheinisches Museum für Philologie*, 90, 1941, pp. 177~92.

34) E. Schwartz, "De Pionio et Polycarpo", Progr. Göttingen, 1905, p. 23. 슈텔린도 동일한 견해를 취했다. O. Stählin, *Geschichte der griechischen Literatur*, II, ii, 1913, p. 1079. 일인칭 서사는 친숙한 허구의 양식이며, 그리스 소설에서뿐만 아니라 기독교 외전에서도 많이 사용되었다. R. Söder, *Die apokryphen Apostelgeschichten und die romanhafte Literatur der Antike*, 1932, pp. 211 f.

35) 전체로서의 『페르페투아 행전』은 전체로서의 『페르페투아의 수난』에 비해 덜 믿음직하다. 왜냐

2장 · 인간과 신령한 세계 71

에 주어진 단도직입적이고 명정한 사실적 설명과 직접적으로 충돌하기 때문에 내게 믿음을 불어넣지 못한다. 편집자는 자신이 성령의 허락으로 집필했다고 우리에게 이야기하는데, 성령이 그에게 많은 세부 사항을——구경꾼들은 거의 알아차릴 수 없는 사건들과 대화들을 제공했음에 틀림없어 보인다. 더욱이, 복음 서사에서처럼 몇몇 사건은 예언을 이루기 위해 도입된 것으로 보인다.[36] 하지만 그러한 설명의 역사성 여부가 우리의 직접적인 관심사는 아니다. 나는 사뛰로스의 환시에 대해서도 마찬가지로 의심한다.[37] 그러나 페르페투아의 옥중 일기가 대체로

하면 그것은 순교 일시를 50년 넘게 잘못 제시하기 때문이다. 그러나 그것의 저자는 분명히 『페르페투아의 수난』을 눈앞에 두고 있었지만, 아레나에서 벌어진 일에 대한 회화적인 설명을 거부하고, 어떤 종류의 야수에게 순교자가 던져졌는지에 관한 꾸밈없고 무미건조한 진술——『페르페투아의 수난』과는 양립 불가능한 진술로 대체할 어떤 좋은 이유를 가지고 있었음에 틀림없다.

36) 페르페투아의 꿈에서 사뛰로스는 그녀에 앞서 사다리를 타고 올라갔으므로 사뛰로스는 그녀보다 먼저 죽어야 했다. 아레나에 대한 꿈에서 그녀의 적은 칼을 지녔다. 따라서 그녀가 '미친 소'에 의해 공격받은 후, 그녀를 보내기 위해 칼이 사용되었어야 했던 것이다. 하지만 『페르페투아 행전』에 따르면, 그녀는 사자에 의해 잡아먹혔다. 『페르페투아의 수난』의 한 가지 목적, 아마도 주요 목적은 성령이 여전히 교회에서 활동한다는 것을 증명하는 것이다.

37) 이 환시에는 아무런 배경이 없다. 언제 또는 어떤 상황에서 사뛰로스가 그것을 겪었는지에 대한 언급이 없다. 또한 그것은 관습적인 기독교의 이미지들——영혼을 데리고 가는 천사들, 현전(Presence)의 더욱 위대한 천사들, 빛의 벽들, '거룩하시다, 거룩하시다, 거룩하시다'를 외치는 목소리들, 권좌의 양쪽으로 나란히 배열된 장로들——로 가득 차 있다. 이것은 우리가 그다지 독창적이지 않은 아류의 묵시 문학에서 발견할 것으로 기대하는 바이다. 이 환시는 실제로 페르페투아의 비정통성(우리는 사뛰로스의 천국에서는 영들이 치즈를 먹는 대신 신성의 향기를 섭취한다는 것을 주목한다)에 대항하기 위해 고안된 것일 수 있다. 하지만 다른 동기 또한 분명하다. 저자는 옵타투스 주교와 아스파시오스 장로가 나오는 흥미로운 장면에서(c. 13) 이 동시대 고관들에게 정면으로 한 방 먹인다. 그들은 서로 싸움을 멈추기 전까지, 그리고 옵타투스가 자신의 양들을 더 잘 돌보기 전까지 천국에서 제외될 것이다. 여기에서 게시는 비판으로 합쳐진다. 내세의 환시는, 헤르마스의 『목자』에서 종종 그러하듯이, 현세에서 인기 없는 인물들을 풍자하기 위한 문학적 장치가 된다. 만약 『페르파투아의 수난』의 저자가 『페르파투아 행전』의 저자처럼 사뛰로스의 환시를 생략하길 결심했더라면, 내 생각에 우리는 심리학적 또는 종교적 가치에서 많은 것을 잃게 되지는 않았을 것이다.

진실한 문서라는 것을 믿을 만한 좋은 이유가 여럿 있다.

가장 먼저, 페르페투아의 단순한 양식은 편집자의 수사학적 영리함(이로 인해 몇몇 학자는 그를 테르툴리아누스와 동일시하게 되었다)과 매우 다르다.[38] 내가 편집자의 모국어가 라틴어라는 것이 이제 꽤 잘 확립되었다고 여기는 데 반해, 일기는 원래 그리스어로 집필되었다고 생각할 수 있는 상당히 강력한 이유가 있다.[39]

둘째, 일기는 경이로운 일로부터 완전히 자유로우며, 보고된 꿈들은 전적으로 꿈답다. 사튀로스의 환시와는 달리, 꿈은 나날의 배경 속에서 옥중 생활 경험의 일부로 주어진다. 세 개의 꿈은 '바라던' 꿈이다.[40]

---

38) 편집자와 테르툴리아누스 사이의 양식적 유사성은 라브리올이 열거했다. 그러나 나는 루프레히트와 함께 편집자를 테르툴리아누스와 동일시하는 것을 강하게 의심한다. 테르툴리아누스는 『페르페투아의 수난』을 단 한 번 부정확하게 언급했다. 그는 페르페투아의 꿈을 지시했는데(De anima, 55.4), 실제로는 사튀로스의 환시를 지시한 것으로 보인다(11.9; 13.8). 비록 그가 'commartyras'가 아니라, 'martyras'라고 썼더라도 그의 언어는 『페르페투아의 수난』 4.8에서 페르페투아가 'candidati'를 언급한 것에 의해 정당화되기 어렵다. 고대 저자들은 자주 다른 이들의 저술을 잘못 인용한다. 그러나 그들 자신의 저술을 잘못 인용하는 것은 드물다. 『페르페투아의 수난』 저자는 아우구스티누스에게 알려져 있지 않았음을 덧붙일 수 있다. De nat. animae, I, 10(12).

39) 나는 이러한 결론에 이른 후에 그것이 하르나크와 크롤(W. Kroll in Glotta, 13, 1924, p. 283)에 의해 예견되었음을 발견했다. 편집자가 원래 라틴어로 집필했다고 생각할 만한 좋은 이유가 많이 있다. 특히, 21장의 'salvus'에 대한 언어유희는 그리스어 원문에서는 소실되었다. 페르페투아가 천국에서 그리스어로 말했다는 '사튀로스'의 진술 역시 라틴어 원문임을 암시한다. 다른 한편, 페르페투아의 일기에서도 라틴어는 여러 군데에서 그리스어보다 부적절한데, 이것은 마치 그리스어 원고에 대한 오독(내지 원고의 훼손)에 의해 생긴 것처럼 보인다. 4.7에서 ὡς εἰς를 quasi로 읽고(ὡς εἰ로 오독), 6.1에서 ἐν ᾗ ὡριστο를 cum pranderemus로 읽었으며(ἀριστάω의 일부를 오해), 특히 8.2에서 ἔρρεεν을 완전히 부적절하게 trahebat로 읽었다(εἴρυεν로 오독). 페르페투아가 일기를 그리스어로 집필한 것은 놀랄 일이 아니다. '사튀로스'는 그녀를 그리스인으로 알고 있으며, 그녀의 동생은 그리스어 이름을 가졌다. 로마제국 아프리카의 많은 가족처럼, 그녀의 가족은 의심할 여지 없이 이중 언어를 사용했다.

40) 순교를 기다리는 사람들은 초자연적인 것과 특별히 밀접한 접촉을 하는 것으로 생각되었다(Acts vii. 55 f.). 만약 그들이 이러한 믿음을 공유했다면, 자연스럽게 신이 보낸 꿈을 기대했을 것이다. 옥중의 순교자들이 경험한 것으로 말해지는 꿈과 환시의 예들은 다음에 인용되어 있다. E. le Blant,

그것들은 기도로 유발되었다. 첫째와 셋째는 페르페투아가 순교에 이르는 장면을 묘사한다. 첫째는 뱀을 피해 위험한 사다리를 타고 올라가서 천국의 목자를 만나는 영상으로, 셋째는 흉측한 이집트인의 모습을 한 악마와 싸워서 성공석으로 무찌르는 영상으로 묘사한다. 둘째와 셋째는 오래전 아이였을 때 죽은 동생 데이노크라테스와 연관되어 있다. 데이노크라테스는 이미 꿈에 나타나기 전날 깨어 있는 의식 속으로 들어와서 그녀를 놀라게 했다. 그는 아마도 무의식 속에서 주의를 요하는 한 요소를 대변할 것이다. 이것은 위조자가 발명해 낼 수 없는 종류의 세부 사항이다. 그리고 꿈들 자체는 진짜 꿈다운 비일관성을 지닌다. 첫째 꿈에서 목자는 자신의 양으로부터 직접 **치즈**를, 아니 응유를 얻어서 그녀에게 먹도록 준다. 이런 종류의 시간-압축은 꿈에서 흔하다. 그리고 넷째 꿈에서 페르페투아는 자신이 갑자기 남자로 변한 것을 발견한다. 이 역시 성인전 작가에게 떠오를 법한 종류의 세부 사항이 거의 아니다.[41]

나아가, 이러한 꿈들은 우리가 경건한 허구에서 발견할 것으로 기대할 법한 (그리고 사튀로스의 환시에서 발견하는) 특별히 기독교적인 색채를 별로 지니고 있지 않다. 천국에서 치즈를 먹는 것은 꽤 비정통적이며, 그것이 '빵-치즈를 먹는 이들'(Artotyrites)로 알려진 불명확한 이단

Les persécuteurs et les martyres aux premiers siècles de notre ère, 1893, pp. 88 ff. 이 단락과 다음 단락의 대부분의 논변은 마리-루이즈 폰 프란츠(Marie-Louise von Franz)의 논문 "Die Passio Perpetuae"에 빗지고 있다. 이 논문은 융의 책의 부록으로 출판되었다(*Aion*, 1951). 그러나 나는 그녀가 개별 꿈들에 대해 제시한 융적인 해석을 따를 수는 없었다.

41) 영지주의의 『토마스 복음』에서는 여자는 오직 남자가 됨으로써 천국에 들어갈 수 있다고 한다 (112: cf. Clem., *Exc. ex. Theod.*, 21.3; Hipp., *Haer.*, 5.8.44). 그런데 페르페투아가 그런 이단적 생각을 가졌다고 믿을 필요는 없다. 꿈에서 성별이 바뀌는 것은 드물지 않으며, 페르페투아는 검투에 참여하기 위해 남자가 되어야만 했다.

종파와 어떤 연관성이 있을지 의심스럽다. 이들은 거의 200년 후 상당히 다른 지역에서 처음으로 언급된다.[42] 더욱이, 빵이라는 본질적인 요소가 그녀의 꿈에는 빠져 있다. 사다리의 경우, 아리스테이데스의 꿈들과[43] 미트라주의에 비슷한 예들이 있다. 또한 데이노크라테스가 고통받는 꿈은 연옥에 대한 기독교적 그림보다는 목마른 사자와 때 이른 죽음을 맞은 이들의 운명에 관한 고대 이교적 관념에 기초한다.[44] 마지막 꿈에서 최고의 심판관은 그리스도가 아니라 검투사들의 심판이나 훈련사로 묘사되며, 승자에게 주어진 상은 순교자의 면류관이 아니라 헤스페리데스*의 황금 사과들이다. 이러한 이교적 이미지들은 꽤 최근 개종한 사람의 꿈들에서는 전적으로 자연스럽지만, 선동적인 묵시록에서는 기이한 것이다.

그러므로 나는 옥중 일기가 용감한 순교자의 최후의 날들에 대한 진정한 체험 서사라고 결론짓는다. 그것은 이그나티우스나 아리스테이데스의 어떤 병적인 자기-중시로부터 꽤 자유로운 인간성과 용기의 감동적인 기록이다. 페르페투아는 교육적인 관심에서 또 다른 기독교 순

---

42) Labriolle, *Crise*, pp. 343 f. 드브뢰가 나에게 지적해 주었듯이, '사다리'의 맨 꼭대기에서 한 남성에 의해 제공된 '응유'는 잠재적으로 성적인 의미를 지닐 수 있다. 『욥기』 10장에서 이 상징을 의식적으로 사용한 것은 재스트로(M. Jastrow Jr.)의 주석을 참조하라.

43) 특히, *Orat.*, 49.48에서 '땅 위아래로 펼쳐져서 각 영역에 신의 권능을 표시하는' 사다리들에 대해 경고하는 꿈을 참조하라. 아리스테이데스는 그 꿈을 입문의식(teletē)이라 부른다. 그는 51.65에서 사다리에 대한 또 다른 끔찍한 꿈을 기록했고, 48.30에서 필라델포스는 '성스러운 사다리와 신적인 현전'을 꿈꾼다(그러나 47.48에서 사다리는 명백히 세속적 출세를 상징한다). 야곱의 사다리는 상관성이 적어 보인다. 영혼의 상승을 보여 주는 비잔틴의 사다리 그림들은 나중 시기에 속한다(그들은 성 요한 클리마쿠스의 사다리에서 영감을 얻었다).

44) F. J. Dölger, "Antike Parallelen zum leidenden Deinokrates", *Antike und Christentum*, II, 1930.

* 그리스 신화에서 황금사과 밭을 지키는 네 자매의 요정.

교자인 소피 숄(Sophie Scholl)과 비교됐다.[45] 소피 숄은 비슷한 나이에 나치에 의해 죽음에 처해졌다. 숄 또한 생애의 마지막 밤 감옥에 누워 있을 때 꿈을 꾸었다. 그녀는 세례를 받을 아이를 두 팔로 안고서 가파른 산을 오르고 있다고 여겼다. 결국 그녀는 갈라진 틈 속에 빠졌지만, 아이는 구할 수 있었다. 갈라진 틈을 지닌 산은 페르페투아의 위험한 사다리에 상응한다. 세례를 받지 못한 아이는 일곱 살에 세례를 받지 못한 채 죽은 데이노크라테스를 상기시킨다.[46] 꿈을 꾼 두 사람 모두에게 아이는 구제되었고, 그들의 모성적 마음은 위안받았다. 그러나 페르페투아가 선한 목자와 아레나에서의 상징적 승리를 꿈꾼 데 반해, 소피 숄은 자신이 심연으로 떨어지는 것을 보는 것으로 족해야 했다. 기적적인 미래에 대한 신앙은 3세기보다 20세기에 더 어려운 것이다.

이제 나는 다른 유형의 '신령한' 인격에 대한 고려로 넘어가야만 한다. 그가 남자이든 여자이든, 그에게 또는 그를 통해 초자연적인 존재가 낮에 말한다. 우리 사회에서 그러한 사람들은 늘 그런 것은 아니지만, 매우 자주 '영매'로서 기능한다. 폴리네시아인들은 그들을 '신의 상자들'이라 칭한다. 고대에는 그들이 여러 이름으로 통했다. 만약 당신이 그들의 선언을 믿었다면, 당신은 그들을 'prophetai', '초자연적인 것의 대변자들'[47]로 불렀거나 'entheoi', '신들린 자들'로 불렀을 것이

---

45) Frl. von Franz in Jung, *Aion*.

46) 아우구스티누스는 신학적 근거에서 데이노크라테스가 세례를 받았음이 틀림없다고 주장한다. 그렇지 않다면 그는 구제될 수 없었을 것이기 때문이다. *De nat. animae*, I, 10(12). 그러나 꿈속의 'piscina'[욕천]는 확실히 세례반(baptismal font)을 상징한다. 게다가 아이의 아버지는 이교도이며, 페르페투아 자신도 오직 최근 들어서야 세례를 받았다.

47) 이것이 단어의 원래 의미이며, 표준적 의미로 남았다. 단어의 역사에 관한 연구로 E. Fascher,

다. 만약 당신이 믿지 않았다면, 그들은 '귀신 쓴 자들'(daimonontes)이라고 불렸을 것이다. 이는 그들을 뇌전증 환자나 편집증자와 같은 부류로 놓는 것이다. 또는 당신은 중립적인 심리학적 용어인 'ekstatikoi'[탈혼자]를 사용할 수 있었는데, 이 용어는 정상적인 의식 상태가 일시적으로 또는 영구적으로 방해받은 사람이면 누구에게나 적용될 수 있었다. 속어는 'engastrimuthoi', '복화술사'였다. 신약 성경과 초기 교부들은 'prophetai'를 사용했고, 때로는 'pneumatikoi', 즉 '영으로 가득 찬 이들'을 사용했다. 다만, 후자는 좀 더 넓은 의미의 적용 범위를 가지고 있다.[48] 이 모든 단어는 동일한 심리적 유형, 즉 해리 장애를 겪는 사람을 묘사하거나 묘사할 수 있다.

고대의 관찰자들은 우리처럼 해리의 두 단계를 인지했다. 첫 단계에서는 주체의 정상적인 의식이 침입한 인격과 나란히 존속하고, 둘째 단계에서는 더 깊은 가수(假睡) 상태에서 정상적인 자아가 완전히 억제되기 때문에 말하고 행한 바에 대한 기억을 지니지 못한다.[49] 전자의 경

Προφήτης, 1927을 보라. 예지력은 대변자들(prophetes)에게 흔하지만, 필수적이지 않은 속성이다. '예언하다'라는 의미의 προφητεύειν와 '예언'이라는 의미의 προφητεία는 거의 유대교와 기독교 작가들에게 한정된다(Ibid., p. 148).

48) ἐκστατικός의 의미에 대해서는 96~98쪽을, ἐγγαστρίμυθοι에 대해서는 Dodds, Greeks, pp. 71 f.를 보라. 이암블리코스는 용어 ἐκστασις[엑스타시스]가 기껏해야 이차적인 효과를 묘사한다는 이유로 거부한다(De myst., 3.7). 일차적인 것은 신들림(κατέχεσθαι)이다. 3.19의 처음부터 그가 '영매'라는 근대적 용어 또한 거부하리라는 것이 분명하다. 철학적, 의학적, 유대교적 그리고 기독교적 작가들에 의해 사용된 단어 πνεῦμα[프네우마]와 πνευματικός의 다양한 의미에 대한 섬세한 연구로 G. Verbeke, L'évolution de la doctrine du pneuma du stoïcisme à S. Augustin, 1945을 참조하라. 또한 유익한 논의로 E. Bevan, Symbolism and Belief, 1938, Lectures vii, viii을 보라.

49) Iamb., De myst., 3.5; Cassian, Collationes, 7.12; Psellus, Scripta minora, I, 248.1 ff.(프로클로스에 기초함). Cf. Dodds, Greeks, p. 297, 309 n. 116.

우 주체는 침입한 목소리가 말하는 것을 단순히 보고하는 것이겠지만, 후자의 경우 목소리가, 델포이나 클라로스에서 '아폴론'이 공언하듯이, 일인칭 시점에서 주체의 입을 통해 말한다. 고대에는 침입자는 보통 신이나 신령이라고 주상된다. 오직 예외적인 경우에만, 근대 영성주의에서처럼 죽은 사람이라고 밝힌다.[50] 초자연적인 것과의 접촉이 죽은 친구나 친척과의 접촉보다 더 욕구되었다.

이러한 욕구의 이유가 반드시 종교적인 것은 아니다. 그것은 자주 순전히 실용적이다. 지금처럼 그때에도 이러한 이차적 인격체들은 신비로운 능력을 가지고 있는 것으로 믿어졌다. 그들은 병자를 고칠 수 있으며, 천사의 언어로 말을 할 수 있고,[51] 질문하는 사람의 생각이나 봉인된 편지의 내용을 읽을 수 있다. 그들은 멀리서 일어나는 사건을 알게 되

---

50) 대개 강제로 죽음을 당한 자(βιαιοθάνατος)의 이승을 떠나지 못하는 영혼(Tert., *De anima*, 5.7; Eunap., *Vit. soph.*, 473 Boissonade). 유스티누스는 죽은 자들의 영혼이 든 사람들에 대해 말하는데(*Apol. i*, 18), 그들이 대체로 악령이 들었거나 미쳤다고 말해진다고 덧붙인다. 포르피리오스(*apud* Iamb., *De myst.*, 2.3)는 현현(顯現)에 관해 어떻게 우리가 신의 현전, 천사, 대천사, 신령, 아르콘(행성의 영) 또는 인간 영혼의 현현을 구분할 수 있는지 묻는다.

51) 아보누티코스의 알렉산드로스는 '히브리어나 페니키아어처럼 들리는 이해할 수 없는 말들'을 발성했다(Lucian, *Alex.*, 13). 마술적 파피루스에 등장하는 의미 없는 표현들은 때때로 방언의 음차로 간주되었다. 그 외에는 방언이 성 바울의 시절부터 2세기 후반의 에이레나이오스의 시기까지 기독교의 특징이었던 것으로 보인다. 성 바울은 코린트 교회의 방언이 과했다고 생각했다(1 Cor. xiv). 에이레나이오스는 우리에게 "교회의 많은 형제가 예언의 은혜를 지녔으며 성령을 통해 모든 언어로 말한다"라고 이야기해 준다(*Haer.*, 5.6.1). 코린트 교회의 언어는 오직 신만이 이해할 수 있다(1 Cor. xiv. 2). 따라서 그것은 인간의 말이 아니다. 그것은 엘렌 스미스(Hélène Smith)에 의해 발명되었으며, 플루누아의 『화성의 인도인』에 묘사된 화성 언어와 같다(T. Flournoy, *Des Indes à la planète Mars*, 1900). 한편, 『사도행전』 2장의 저자는 그 현상을 화자가 모르는 인간 언어로 말하는 이언(異言)능력(xenoglossy)의 일종으로 해석한다. 이것에 대해서도 헤로도토스(8.135)가 보고하는 것들부터 특정 근대 '영매들'에 귀속되는 재주에 이르기까지 많은 유사한 예가 있다. 이 주제 전체에 대한 탁월한 연구인 E. Lombard, *De la glossolalie chez les chrétiens*, 1910을 보라.

고, 특히 미래를 예언할 수 있다.[52]

공식적인 신탁의 특권은 오래전부터 쇠퇴하고 있었다.[53] 비록 황제의 후원이 2세기에 부흥을 가져왔지만, 신탁들은 (아마도 클라로스를 제외하고는) 결코 예전의 인기를 완전히 회복하지 못했다. 그 이유는 인간적 호기심이나 쉽게 믿는 인간의 습성이 감소했기 때문이 아니라, 경쟁이 증가했기 때문이다. 점성술은 하나의 중요한 경쟁자였으며, 『시빌레 신탁들』과 수많은 기독교적 그리고 영지주의적 묵시록과 같은 미래에 대한 많은 계시록도 있었다. 아우구스투스는 2000권이 넘는 익명이나 가명의 예언서 사본을 모아서 태우게 했다고 전한다.[54]

게다가, 옛 종교적 중심지들이 더는 신성의 대변자들(prophetai)을 독점하지 않았다. 아보누티코스의 알렉산드로스(Alexander of Abonutichus)[55]는 아무런 사전 준비 없이 완전히 새로운 신과 함께 새로

---

52) 생각을 읽는 것에 관해서는 1 Cor. xiv. 24; Tac., *Ann.*, 2.54(Claros); Plut., *De garr.*, 20(Delphi); Aug., *c. Acad.*, 1.6 f., 봉인된 편지를 읽는 것에 관해서는 Lucian, *Alex.*, 21; Macrob., *Sat.*, 1.23.14 f.; *P. G. M.*, iii, 371, v, 301, 먼 곳의 사건에 대한 인식에 대해서는 Dio Cass., 67.18(Philostr., *Vit. Apoll.*, 8.26 ff.); Eunap., *Vit. soph.*, 470 Boiss.; Aug., *De Gen. ad litt.*, 12.27, 예감에 대해서는 Acts xi. 27 f., xxi. 10 f.; Philostr., *Vit. Apoll.*, 4.18; Origen, *c. Cels.*, 1.46 등을 보라. *Greek Poetry and Life, Essays presented to Gilbert Murray*, 1936, pp. 354 ff.(repr. in *The Journal of Parapsychology*, 10, 1946, pp. 290 ff.)에 실린 내 논문을 참조하라.

53) Cic., *De Div.*, 1.38; 2.117; Strabo, 9.3.8; Plut., *Def. orac.*, 5. 2세기 말엽, 알렉산드리아의 클레멘스는 공식적 신탁은 죽었다고 주장했다. 하지만 그는 사적인 '복화술사'(ἐγγαστρίμυθοι)가 여전히 대중에게 인기가 있음을 인정했다(*Protrept.*, 2.11.1 f.). 포르피리오스에 의해 인용된 신탁은 유일하게 살아남은 신탁소는 디뒤마, 델포이, 그리고 클라로스의 아폴론 신전들뿐이라고 주장한다. *Phil. ex orac.*, p. 172 Wolff(=Eus., *Praep. Evang.*, 5.15). 이것은 공인되지 않은 경쟁자들을 향한 경고로서 설계된 것인가? 델포이의 신탁을 계승한 점성술에 대해서는 Juvenal, 6.553 ff.을 보라.

54) Suet., *Div. August.*, 31.

55) Cf. O. Weinreich in *Neue Jahrbücher für das klassische Altertum*, 47, 1921, pp. 129 ff.; A. D. Nock in *The Classical Quarterly*, 22, 1928, pp. 160 ff.; Nock, *Conversion*, pp. 93 ff.; Eitrem, *Orakel und*

운 신탁을 시작해서 몇몇 좋은 연줄의 도움으로(그의 딸은 아시아의 총독과 결혼했다) 번창하는 사업을 일으키기가 얼마나 쉬운지를 보여 주었다. 유일하게 심각한 반대는 에피쿠로스주의자들과 기독교인들한테서 왔다.

3세기 이후부터 사적인 영매들, 즉 미누키우스 펠릭스*가 "신전 없는 신의 대변자들"[56]로 부른 자들의 수요가 크게 증가했음을 보여 주는 증거가 있다. 마법 파피루스는 그러한 사람들을 필요한 가수 상태로 빠지게 하는 방안을 제공한다.[57] 포르피리오스가 인용한 많은 '신탁들'은 이러한 종류의 원천으로부터 온 것으로 보인다. 그리고 사적인 영매의 능력은 체계적으로 비술가들(theurgists)에 의해 활용되었으며, 이들의 성경은 『칼데아 신탁』으로 알려진 신지학적 잡동사니였다.

물론 신탁에 대한 증가하는 수요는 상당 부분 단순히 시대의 증가하는 불안을 반영한다. 이것은 3세기 후반 어떤 신탁에 제기된 스물한 개의 질문 목록을 담고 있는 파피루스에 의해 예시된다. 거기에는 다음과 같은 질문들이 포함되어 있다. "내가 거지가 될 것인가?", "내가 팔려 갈 것인가?", "나는 도망가야 하는가?", "나는 임금을 받을 것인가?", "나는 저주에 걸려 있는가?"[58] 그러나 이것은 우리가 다루는 시대의 사

Mysterien am Ausgang der Antike, ch. viii; M. Caster, *Études sur Alexandre ou le faux prophète de Lucien*, thèse suppl., 1938. 마지막으로 언급된 책은 루키아노스의 『알렉산드로스』 원문, 번역, 주석을 포함한다.

* Marcus Minucius Felix(150~270). 라틴 호교론자.

56) *Oct.*, 27, Vates absque templo. 그들은 클레멘스의 ἐγγαστρίμυθοι[복화술사]에 해당한다(앞의 각주 53) 참조).

57) *P. G. M.*, i, 850~929; vii, 540 ff.; viii, 1 ff. Apuleius, *Apol.*, 42, Justin, *Apol. i*, 18, Origen, *De princ.*, 3.3.3은 이 목적을 위해 소년 '영매들'을 사용했음을 가리킨다.

람들이 관심을 가졌던 유일한 유형의 질문이 아니다.

2세기 또는 3세기 언젠가 테오필로스라는 한 사람이 클라로스의 신탁에 덜 사적인 질문을 제기했다.[59] "당신은 신인가 아니면 어떤 다른 이가 신인가?" 이것은 우리에게 다소 순진해 보인다. 프랑스인 편집자는 거부하는 태도로 다음과 같이 썼다. "신 문제, 이것은 현실성을 결여한다." 하지만 그 시대의 사람들에게 그 문제는 실질적이고 중요했다. 또한 영감을 지닌 신의 대변자(prophetes)를 제외하고 다른 어디에서 답을 구해야 하겠는가? 클라로스는 적절히 다음과 같은 답을 제공했다. 최고의 신은 아이온, 즉 영원이며, 아폴론은 오직 그의 '천사들'(angels) 내지 전령들 가운데 하나일 뿐이다. 이처럼 새로운 종류의 '교의적' 신탁들은 그 시대의 특징에 속한다.[60] 그것들과 별도로, 신의 대변자들은 주로 두 가지 맥락에서, 즉 (기독교적 영지주의를 포함하여) 기독교와 비술(theurgy)에서 심대한 종교적 영향력을 행사했다.

나는 다른 곳에서 비술에 관해 썼으며, 그것의 완전한 발전 형태는 우리가 다루는 시대 바깥에 위치하기 때문에 여기에서는 논의하지 않

---

58) *P. Oxy.* 1477: Rostovtzeff, *Social and Economic History of the Roman Empire*, p. 427. *P. Oxy.* 925에서 한 기독교인은 마찬가지로 사적인 질문을 그리스도에게 한다. 이교적, 기독교적 파피루스에 전해진 예들은 B. R. Rees, "Popular Religion in Graeco-Roman Egypt, II", *The Journal of Egyption Archeology*, 36, 1950, p. 87을 보라.

59) *Theosophia Tubingensis*, no. 13 Buresch(cf. Porph., *Phil. ex orac.*, pp. 231 ff. Wolff; Lewy, *Chaldaean Oracles and Theurgy*, pp. 18 f.). 나는 위에서 언급된 신탁을 클라로스에 귀속시킨 것이 오류라는 레위의 견해나 신탁에 대한 그의 번역에 동의할 수 없다. 이에 관해서는 *Harvard Theological Review*, 54, 1961, p. 266을 보라.

60) A. D. Nock in *Revue des Études Anciennes*, 30, 1928, pp. 280 ff.; Eitrem, *Orakel und Mysterien am Ausgang der Antike*, ch. vi. 그리스도에 대한 포르피리오스의 신탁은 137쪽 이하를 참조하라.

을 것이다. 초기 교회에서 예언자들이 성령의 영감을 통해 말한다는 주장은 일반적으로 받아들여졌으며, 성경에 확고한 기반을 갖추고 있었다. 영(프네우마)이 사도들에게 내려왔으며, 최후의 날까지 지속될 것이다. 그리스도 자신 또한 최후의 날이 올 것을 예언한 것으로 전한다.[61] 이교적 예언에서처럼 영은 일인칭 시점에서 인간적 도구를 통해 말할 수 있다. 우리는 그 일례를 『사도행전』 13장 2절에서 본다.

당연히 영감이 실제로 하나의 신령이 아니라, 성령에게서 왔다는 것을 보증하기 위해 어떤 형태의 통제가 필요했다. 성 바울은 영들을 분간하는 것이 특별한 능력이라고 생각했다. 실제로 통제는 처음에는 주로 도덕적이었던 것으로 보인다. 순회하는 예언자가 겸손하게 살고 자기 자신을 위해서 아무것도 요구하지 않는 한, 아마도 괜찮을 것이다. 그러나 열두 사제의 가르침(Didache)은 돈이나 성찬을 요구하도록 영감 받은 거짓 예언자들을 피하라고, 헤르마스는 운수를 말해 주면서 인기를 구하는 자들을 피하라고 경고했다.[62]

---

61) Acts ii; Ephes. iv. 11 ff.; John xiv. 12 f.; Eus., *Hist. Eccl.*, 5.17.4. Cf. W. Schepelern, *Der Montanismus und die phrygischen Kulte*, Germ. trans., 1929, pp. 152 ff.; F. Pfister in *Reallexikon für Antike und Christentum*, 4, 1959, s.v. Ekstase, pp. 981 ff.

62) 1 Cor. xii. 10; *Diadache*, 11; Hermas, *Pastor*, Mand. 11. 기독교적 견해에서 '예언'은 직업이어서는 안 된다(cf. Aristides, *Apol.*, 11.1). 예언에 적합한 장소는 종교 집회였다. 교리적 근거에서 거짓 예언자들을 비난하는 것에 관해서는 1 Tim. iv. 1 ff.를 참조하라. 거기에서 저자는 영지주의 반대 운동을 하면서 독자에게 '결혼을 금하는 악령들'을 피하라고 경고한다. 영지주의 스승들은 예언자들에게 심히 의존했던 것으로 보인다. 그래서 바실레이데스는 예언자 바르캅바스(Barcabbas)와 바르코프(Barcoph) 그리고 '그가 외국어 이름으로 부른 이들'의 권위에 호소했다(Eus., *Hist. Eccl.*, 4.7.7). 그의 아들 이시도로스는 예언자 파르코르(Parchor, 아마도 바르코프와 동일 인물?)를 해설했다(Clem., *Strom.*, 6.6.53). 아펠레스는 자신의 『계시록』(Phaneroseis)을 필로메네라고 불리는 한 예언자의 계시에 기초하여 집필했다(Tert., *De praescr.*, 6.6, 30.6; *De carne Christi*, 6.1; Eus. *Hist. Eccl.*, 5.13.2). 하지만 노년에 그는 모든 예언이 믿을 수 없다는 결론에 이른 것으로 보인다(Ibid., 5.13.5 f.).

켈수스는 '신전 안팎에서 어떤 사소한 이유로 아주 작은 구실로도 예언하는', '페니키아와 팔레스티나 지역의' 거짓 예언자들을 알고 있었다. 켈수스에 따르면, 그들은 실제로 자신들이 신 또는 성자 또는 성령이라고 주장했는데, 아마도 일인칭 시점에서 그들을 통해 말하는 목소리가 그 주장을 했을 것이다. 켈수스는 그들 가운데 몇몇과 이야기를 나누었고, 그들은 스스로 사기꾼임을 고백했다.[63] 그들은 때로는 몬타누스주의자로 여겨지곤 했지만, 켈수스와 몬타누스의 대체적인 활동 시기상, 몬타누스가 그 지역에서 발견되기에는 너무 이른 것으로 보인다.[64]

이교도든 기독교인이든, 어떤 신의 대변자도 아리스테이데스의 『성스러운 가르침』에 비견할 만한 경험의 기록을 우리에게 남겨 주지 않은 것이 매우 안타깝다. 필로스트라토스의 『튀아나의 아폴로니오스의 생애』와 같은 허구적 소설도, 헤르마스의 『목자』와 같은 인위적인 우화도 실제적인 신의 대변자들에 대해서는 많이 이야기해 주지 않는다. 그러한 부류에 속할 수 있는 인물 가운데 우리에게 전승된 동시대 전기들에서 다루어진 경우는 알렉산드로스와 페레그리노스가 유일하다.[65]

---

63) Origen, c. Cels., 7.8~9, 11.

64) Cf. Labriolle, Crise, pp. 95 ff. 하지만 켈수스와 몬타누스 둘 다 활동 시기를 확실하게 특정할 수 없다. 이들은 이교적인 신의 대변자로 간주되기도 했다. 그러나 켈수스는 그 정도까지 실수를 하진 않았을 것이다. 그리고 'θεός ἢ θεοῦ παῖς ἢ πνεῦμα θεῖον'[신 또는 신의 아이 또는 신성한 영]라는 정식은 확실히 기독교를 가리킨다.

65) 루키아노스의 『알렉산드로스』에 관해서는 앞의 각주 55)를 보라. 루키아노스의 『페레그리노스의 죽음』의 편집본 및 주석은 J. Schwartz, Lucien de Samosate, 1951을 참조하라. 페레그리노스에 대한 논의로 E. Zeller, Vorträge und Abhandlungen, II, 1877, pp. 154 ff.; J. Bernays, Lucian und die Kyniker, 1879; D. R. Dudley, History of Cynicism, 1937, pp. 170 ff.; M. Caster, Lucien et la pensée religieuse de son temps, 1937, pp. 237 ff.; K. von Fritz in Realencyclopädie der classischen Altertumswissenschaft, XIX, 1, 1937, s.v.을 보라.

그런데 두 개의 전기 모두 몹시 적대적이라서 얼마만큼이 역사이고 얼마만큼이 악의적 발명인지를 말하긴 어렵다. 우리가 루키아노스를 믿어야 한다면, 알렉산드로스의 이야기는 대중을 상대로 성공한 단순 사기 사건이다. 페레그리노스는 훨씬 더 복잡하고 더 흥미로운 인물이며, 루키아노스가 이야기해 준 그의 이력은 매우 기이하다.

페레그리노스는 헬레스폰토스의 파리온에서 부유한 부모 아래 태어났지만, 젊어서 불명예스러운 정사에 휘말려 아버지와 싸웠으며, 부친 교살의 혐의를 받아 집을 떠났다. 팔레스티나에서 그는 기독교로 개종했으며 예언자와 공동체의 지도자가 되었다. 그는 성경을 해석했고 스스로 많은 책을 썼다. 그는 기독교인으로서 투옥되었을 때, 신앙의 포기를 완강히 거부함으로써 큰 신망을 얻었고, 결국 계몽된 총독에 의해 풀려났다. 다음으로 그는 부친살해의 죄목으로 조사받기 위해 자발적으로 집으로 돌아갔는데, 자선을 목적으로 전 재산을 도시에 선물함으로써 고발인들을 침묵시켰다.[66] 그는 얼마간 기독교인들에게 지지받았으나 그들과 싸우게 되었고,[67] 재산 반환을 요청하기에 이르렀지만 실패

---

66) 폰 프리츠가 제안했듯이, 루키아노스는 아마도 사건의 순서를 혼동했을 것이다. 만약 페레그리노스가 이 시기에 여전히 기독교인이었다면, 루키아노스가 묘사한 것처럼 견유주의자의 옷차림으로 귀향하진 않았을 것이며(*Peregr.*, 15), 그의 재산을 이교적인 지방자치당국이 아니라 교회에 기부했을 것이다. 이교도의 재산 포기에 대해서는 Philostr., *Vit. Apoll.*, 1.13; Porph., *Vit. Plot.*, 7을 참조하라.

67) *Peregr.*, 16. 절연의 계기는 알려지지 않았다. 페레그리노스가 기독교의 음식 금기를 어겼다는 루키아노스의 제안은 오직 추측이며, 그다지 개연성이 없다. 결연한 '고백자'는 이교 신들에게 봉헌된 고기를 거의 먹지 않았지만(cf. Labriolle, *Réaction*, p. 104), 교차자에서 헤카테-희생의식은 그보다 훨씬 덜 거행되었으며(Schwartz) 공식적으로는 모두에게 금기였고, 그래서 루키아노스의 설명에서 제외되었다. 페레그리노스가 비도덕적인 행위에 책임이 있는 것으로 판명되었다는 녹의 진술(*Conversion*, p. 220)은 루키아노스의 원문에 의해 지지되지 않는다.

했다. 이후 그는 이집트를 방문했으며, 거기에서 채찍질 고행을 실천하고 자기 얼굴에 진흙을 마구 발랐으며 가장 거친 형태의 견유주의적 생활 방식을 채택했다.[68] 그는 거기에서 이탈리아로 갔으나 황제를 모욕한 대가로 추방당했다. 그는 개인적 위험에 대한 무관심으로 또다시 추종자들을 얻게 되었다. 다음으로 우리는 그리스에 정착한 그를 발견하는데, 거기에서 그는 로마 권력에 대항한 봉기를 기도했고, 공적으로 박애주의적 자선가인 헤로데스 아티코스를 모욕했다. 마침내 그는 세상을 놀라게 한 자살로 이력의 정점을 찍었다. 그는 기원후 165년 올림피아 축제에서 환호하는 관중 앞에서 분신했다. 이 일이 있은 후, 그는 숭배의 대상이 되었다. 그가 한때 지녔던 지팡이는 1달란트에 팔렸다.[69] 그를 기리기 위해 세운 조각상이 기적을 행했으며 (한 기독교 작가의 증언에 따르면)[70] 수많은 순례자를 끌어모았다.

우리는 이 예사롭지 않은 삶의 이야기를 가지고 무엇을 할 것인가? 그 이야기 속의 주요 사실들은 아마도 정확할 것이다. 비록 우리가 루키아노스가 그것들에 부여한 해석을 수용할 필요는 없지만 말이다. 루키

---

68) 기독교와 견유주의의 금욕주의는 공통점이 많다. 자발적인 가난은 모두의 특징이다. 아리스테이데스는 둘 다 전통적인 종교에 대한 경멸과 더불어 거만(αὐθάδεια)과 겸손(ταπεινότης)의 악덕을 결합했다는 점에서 특이하다고 보았다(Orat., 46 Dind., p. 402). Cf. Bernays, Lucian und die Kyniker, pp. 30~9; Reitzenstein, Hell. Wund., pp. 64~74. 힙폴뤼토스는 타티아누스의 삶의 방식을 '견유주의적 삶의 방식'(κυνικώτερος βίος)으로 묘사했으며(Hipp., Haer., 10.18), 기독교 금욕주의자인 사라피온의 이야기는 역겨운 견유주의적 특징들로 넘쳐 난다(Hist. Laus., 37, p. 109 Butler).

69) Lucian, Adv. indoct., 14.

70) Athenag., Leg., 26; cf. Peregr., 41. 분명히 사후 예언(praedictio post eventum)에 해당한다. 이 새로운 숭배의 발생이 루키아노스가 분노의 팸플릿을 쓰게 된 동기를 제공했을 것이다. 그의 팸플릿은 아마도 페레그리노스의 제자인 테아게네스가 출판한 팸플릿에 대한 대답으로 집필되었을 것이다(cf. Reitzenstein, Hell. Wund., p. 50; Caster, Lucien, p. 242).

아노스는 그 속의 모든 것을, 처음부터 끝까지 평판에 대한 병적인 갈구로 설명하려고 한다. 우리는 그의 해석에서 아마도 페레그리노스가 노출광이었다는 점은 수용해야 할 것이다.[71] 사실상, 우리는 그가 작은 미치광이 이상이었다는 결론을 내릴 수 있다. 그리스 시절의 그를 알던 겔리우스는 그를 '유익하고 도움이 되는 것을 많이 말할 줄 아는' '진중하고 견실한 사람'으로 보았다.[72] 심지어 루키아노스도 그가 '제2의 소크라테스' 또는 '제2의 에픽테토스'[73]로 — 분명 철학적이라기보다는 도덕적인 근거에서 — 생각되었음을 증언한다. 이것은 우리에게 루키아노스보다 좀 더 깊이 페레그리노스의 인격을 들여다보도록 고무한다. 우리는 [그의 인격을 해명해 줄] 한 가지 가능한 단서를 전 생애에 걸쳐 드리워진 끔찍한 친부 살해의 죄목에서 찾을 수 있다. 그는 그것을 피해 도망갔으며, 조사받기 위해 되돌아왔다. 그것은 분명 그의 예상치 못한 마지막 말에서 상기된다. "나의 어머니와 아버지의 영이여, 나를 친애로 받아 주소서."[74] 우리는 그 죄목이 글자 그대로 진실을 말한다고 믿

---

71) 명예욕에 대해서는 *Peregr.*, 1; 14; 20을 보라. 문자적인 의미에서 노출광적인 면은 *Peregr.*, 17을 보라. 이것은 전통적인 견유주의의 특징이며(Diog. Laert., 6.46, etc.), 이것을 페레그리노스에게 귀속시킨 것은 단지 루키아노스의 악의에 의한 것일 수 있다. 하지만 그것은 믿기에 충분할 만큼 그 사람의 전반적인 성격과 잘 맞아떨어진다.

72) Aulus Gellius, *Noctes Atticae*, 12.11.

73) *Peregr.*, 12; 18. 암미아누스(Ammianus, 29.1.39)는 그를 '명석한 철학자'(philosophus clarus)라고 했다.

74) *Peregr.*, 36. 루키아노스는 별로 설득력 없는 자살 동기를 제안했다. 페레그리노스의 추종자들은 그가 '브라만들'을 모방한다고 생각했다(25; 38). 그들은 자신의 불멸을 위해(ἑαυτὸν ἀπαθανατίσας) 불에 뛰어들어 자살한 한 인도인의 이야기가 기록된 아테네의 명문을 마음에 두고 있었을 것이다(Nic. Dam., *apud* Strabo, 15.1.73; Plut., *Alex.*, 69). 최근 사이공에서 발생한 불교 승려들의 공적인 분신과 비교하고 싶을 것이다. 그러나 이 사건은 종교 차별에 반대하는 저항의 행위로서 계획된 것이다. 만약 페레그리노스가 어떤 비교할 만한 동기를 가졌다면, 루키아노스가 그것을 숨겼다.

을 필요는 없다. 그러나 모종의 기억이 그를 무겁게 짓누르고 있었다는 것은 저 마지막 말뿐만 아니라, 아울루스 겔리우스가 아테네에서 들었던 설교에 의해서도 암시된다. "너의 비밀스러운 죄가 너를 찾아낼 것이다."[75) 이것이 그에게 부담을 주었을 것이다. 그렇다면 우리는 그의 이력에서 두드러진 두 가지 특징(권위에 대한 적대적 태도와 순교자가 되려는 결심)을 루키아노스보다 더 잘 이해하는 데 도움을 받을 수 있다. 진위는 알 수 없지만, 나는 이 두 특징이 그의 불행했던 부친과의 초기 관계에서 유래한 것이라는 추측으로 마음이 기운다. 그는 시리아 총독과 안토니누스 피우스, 그리고 헤로데스 아티코스의 가부장주의에 저항해야만 했다. 훌륭한 수평파*처럼, 그는 모든 관습을 멸시해야만 했다. 그러나 그는 그 자신 또한 가난과 채찍질, 마지막으로는 죽음으로 처벌해야만 했다. 그가 지배적인 아버지상에 가한 폭력의 대가로 말이다.

만약 내가 옳다면, 우리는 페레그리노스를 한 유형이 아니라, 한 개인으로 보아야만 한다. 어떤 경우든, 그의 능력면에서 그를 기독교적 예언자로 볼 수 없다. 루키아노스는 기독교적 관행에 대해 거의 알지 못했고, 그다지 신경 쓰지도 않았다. 만약 우리가 기독교적 예언들에 대해 어떤 관념을 형성하길 바란다면, 몬타누스에게 귀속된 것들로 주의를 돌리는 편이 나을 것이다. 비록 그가 페레그리노스처럼 결국 교회에서

---

75) Gellius, *Noctes Atticae*, 12.11. 페레그리노스가 소포클레스의 다음 시행을 인용했을 때, 자신의 경우를 마음에 둔 것이 아닐까? πρὸς ταῦτα κρύπτε μηδέν· ὡς ὁ πάνθ' ὁρῶν / καὶ πάντ' ἀκούων πάντ' ἀναπτύσσει χρόνος[그것을 위해 아무것도 숨기지 마라. 모든 것을 보고 모든 것을 듣는 시간이 모든 것을 드러낸다](fr. 280 Nauck =301 Pearson).

* 영국의 찰스 1세 시대 때 사회계급 철폐를 주장했던 청교도 분파다.

거부당했으며, 우리가 그에 관한 자세한 정보를 얻기 위해 주로 적대적인 원천에 의존하고 있지만 말이다.[76]

프리기아인으로 태어난 몬타누스는 기독교로 개종하기 전에는 아폴론 또는 대모신(Magna Mater)의 사제였다고 한다. 하지만 그의 예언은 그가 프리기아 출신이라는 것에 많이 빚진 것으로 보이지는 않는다.[77] 아마도 172년 무렵[78] 한 목소리가 (그 자신의 목소리가 아니라) 몬타누스를 통해 일인칭 시점에서 말하기 시작했다. 그것은 다음과 같이 말했다. "나는 이 순간 한 사람 안에 머무는 전능한 신이다." 그리고 다시 다음과 같이 말했다. "여기에 있는 것은 천사가 아니며, 인간 대변자도 아니고, 주, 성부이다." 나아가, 그 목소리는 어떻게 그것이 가능한지 설명했다. "보아라, 인간은 뤼라와 같다. 그리고 나는 그를 책(plectrum)처럼 연주한다. 인간이 잘 때, 나는 깨어 있다. 보아라, 인간의 마음을 빼내어 버리고, 그 안에 다른 마음을 넣는 것이 신이다."[79] 물론, 몬타누스는

---

76) 원천들은 P. de Labriolle, *Les Sources de l'histoire du Montanisme*, 1913에 수집되어 있다. 그것들은 Labriolle, *Crise*에서 토론되었으며, 목소리(Voice)의 언명에 대해서는 ch. ii를 보라.

77) 이러한 부정적 결론에 대해서는 Schepelern, *Der Montanismus und die phrygischen Kulte*를 보라. 몬타누스주의는 (Fascher, Προφήτης, p. 222에서 주장한 것처럼) 프리기아의 신비종교가 아니라, 유대교와 기독교의 묵시론적 전통에서 성장했다. 히에로니모스는 몬타누스를 전직 퀴벨레 거세-사제(eunuch-priest)로 만들었다(*Epist.*, 41.4). 픽커(G. Ficker)가 출판한 익명 저자의 문헌은 그를 아폴론의 사제로 만든다. 그러나 우리는 두 사람 모두 추측하고 있다고 의심할 수 있다.

78) 에우세비오스가 제시한 시점이다. 어떤 이들은 에피파니오스가 제시한 157년을 선호한다. Labriolle, *Crise*, pp. 569 ff.와 롤러(H. J. Lawlor)가 편집한 *Eusebius, Ecclesiastical History*, II, 1932, pp. 180 f.에서 그의 주석을 보라.

79) Epiphanius, *Haer.*, 48.4; 11(Labriolle, *Crise*, pp. 37 ff., 45 ff.). καταγινόμενος ἐν ἀνθρώπῳ[인간 안에 머물다]에 관해서는 다음을 참조하라. Porph. *apud* Firm. Mat., *Err. prof. rel.*, 13(=*Phil. ex orac.*, p. 111 Wolff), "Serapis vocatus et intra corpus hominis conl<oc>atus talia respondit"[세라피스가 불리자 인간의 몸 속으로 들어가 그렇게 대답했다].

자신이 신이라고 주장하지 않았다. 근대 영매가 공자나 프레더릭 마이어스(Frederic Myers)라고 주장하지 않는 것과 마찬가지이다. 그러한 주장을 하는 것은 낯선 목소리이다. 그리고 그러한 주장을 전통적인 용어로 표현한다. 아테나고라스*와 『그리스인들을 위한 권면』(*Cohortatio ad Graecos*)은 동일한 음악적 비유를 사용한다.[80] 잠시 후에 목소리는 두 명의 여성 영매, 프리스킬라와 막시밀라를 통해 말하기 시작했다. 예언은 전염된다. 그 언명들은 기록되었고, 신자들은 그것들이 제3언약(Third Testament)을 구성한다고 주장했다.

이 3언약 가운데 오직 몇 개의 단편만이 보전되었고, 초월자로부터 온 전언들 대부분이 그러하듯이 극히 실망스럽다는 사실을 고백해야만 한다. 에피파니오스처럼 적대적인 비평가는 인용을 위해 가장 교화적인 부분을 선택하지 않았을 수 있다. 그러나 우리는 몬타누스주의로 개종한 테르툴리아누스가 무엇이 그를 개종시켰는지 보여 줄 것이라 기대해야 한다. 하지만 그가 그렇게 했다고 말하기 어렵다. 몬타누스의 주요 계시는 다음과 같다. 새로운 예루살렘이 곧 하늘에서 내려올 것이고, 지상에서 그리스도의 천년 왕국이 시작할 것이다. 물론, 기독교의 예언은 오랫동안 천년지복의 희망과 연결되어 왔다. 예언자들은 그 희망이 살아 있도록 지켰고, 그 희망은 예언자들을 살아 있게 지켰다. 그런데 정통 기독교인들은 천국이 팔레스티나에 나타날 것으로 기대한 데 반해, 몬타누스의 목소리는 굳센 애향심으로 그 점지된 장소가 프리기아의

---

* Athenagoras(133~190). 동방정교회 교부.
80) Athenag., *Leg.*, 7; (Justin), *Cohort. ad Graecos*, 8.

외진 마을인 페푸자이며, 거기에서 모든 선량한 기독교인이 천국을 기다려야 한다고 주장했다.

그 외에는, 그린슬레이드 교수가 말한 것처럼 "성령이 그의 예언자들에게 어떤 종교적이거나 지적인 가치를 지닌 말을 하지 않은 것으로 보인다".[81] 보아하니 성령은 주교들의 안이함을 꾸짖고 선택된 이들에게 몇 가지 부가적인 제재를 부과한 것으로 만족했다. 테르툴리아누스에 따르면,[82] 성령은 심지어 미혼 여성이 쓰는 베일의 적절한 길이를 정하는 것과 같은 문제에도 관심을 보였다. 몬타누스는 여성이 남성보다 자주 성공적인 영매이기 때문에 정통 교회가 허용했던 것보다 더 큰 중요성을 여성에게 부여했다. 한 여성 예언자는 심지어 여성의 모습으로 나타난 그리스도를 보기도 했다.[83] 그러나 몬타누스의 가장 눈에 띄는 혁신은 실용적인 것으로 보이는데, 그는 최초로 그의 선교사들에게 규칙적인 봉급을 지불했던 것으로 나타난다.[84]

몬타누스로부터 비판의 화살에 쏘여 더 이상의 언약(Testmament)을 받아들이길 꺼려 했던 주교들은, 그를 파문하고 그의 추종자들에게 들

---

81) S. L. Greenslade, *Schism in the Early Church*, 1953, p. 109.

82) Tert., *De virginibus velandis*, 17.6.

83) Epiphanius, *Haer.*, 49.1 (Labriolle, *Crise*, pp. 86 ff.). 이와 유사하게 영지주의자 마르쿠스는 그의 여성 제자들에게 예언 능력을 나누어 주었다(Iren., *Haer.*, 1.13). 유스티누스는 기독교인들 사이에 여성 예언자들과 남성 예언자들이 있었으며, 프리기아 교회에서는 여성 예언의 전통이 있었던 것으로 보인다고 기록했다(*Dial.*, 88.1). 에우세비오스의 반-몬타누스주의 원천(*Hist. Eccl.*, 5.17.3 f.)은 몬타누스주의자들이 선구자로 주장했으며 2세기 전반에 살았음이 분명한 여성 예언자 암미아(Ammia)를 언급한다(cf. W. M. Calder in *Bulletin John Rylands Library*, 7, 1922~3, pp. 329 f.).

84) Eus., *Hist. Eccl.*, 5.18.2. 이 구절에서 몬타누스는 퀴프리아누스처럼 그의 '영적인' 능력과 훌륭한 조직자의 재능을 결합한 것으로 보인다.

린 악령을 몰아내려고 시도함으로써 대응했다. 그러나 몬타누스주의는 주교들에 의해서나 페푸자의 약속을 지키지 못함에 의해 쉽게 없어지지 않았다. 그것은 프리기아로부터 동방으로 널리 퍼졌고, 그 다음으로는 로마로, 북아프리카로, 심지어 먼 스페인에까지 이르렀다. 그리고 비록 막시밀라가 "나 이후로는 더 이상 예언자는 없을 것이며, 세상의 종말이 올 것이다"[85]라고 선언했지만, 예언은 그럼에도 계속되었다. 테르툴리아누스는 '천사들과 대화하고 때로는 주와 대화하며', 신체적 형태의 인간 영혼을 보았다는 (따라서 그의 마음에 들게도 영혼이 물체적임을 입증해 준) 여성을 알았다. 한 세대 이후, 퀴프리아누스는 단지 잠잘 때만이 아니라, 탈혼(ekstasis)의 깨어 있는 상태에서 성령을 보고 들을 수 있도록 총애받은 아이들에 대해 알았다.[86] 그리고 우리는 카파도키아의 여성 예언자에 대해서도 듣는다. 그녀는 235년 이후 곧 성례를 집행하는 일을 맡았고, 지진을 일으킬 수 있다고 주장했으며, 신의 백성들을 예루살렘으로 이끌겠다고 나섰다. 피르밀리아누스의 설명에 따르면, 막시미누스 치하[재위 305~308, 310~312]의 새로운 박해가 자연재해 및 증가하는 경제적 불황과 결합하여 천년지복의 기대를 재점화했던 것으로 보인다.[87]

---

85) Epiphanius, *Haer.*, 48.2(Labriolle, *Crise*, pp. 68 f.).

86) Tert., *De anima*, 9; Cyprian, *Epist.* 16.4. 아풀레이우스에 의해 사용된 소년-영매와 비교하라(*Apol.*, 42). 북아프리카적 기질이나 문화적 전통에 특히 해리 장애 상태를 잘 유발시키는 무엇이 있었을 수 있다. P. Courcelle, *Les Confessions de Saint Augustin dans la tradition littéraire*, 1963, pp. 127~36.

87) Firmilian *apud* Cyprian, *Epist.* 75.10. Cf. K. Aland in *Zeitschrift für die neutestamentliche Wissenschaft*, 46, 1955, pp. 110 f. 라브리올은 이 여성이 몬타누스주의자였을 리 없다고 주장했다 (*Crise*, p. 487). 왜냐하면 그녀의 목표가 페푸자가 아니라, 예루살렘이었기 때문이다. 하지만 그녀의 시대에는 페푸자의 약속은 이미 취소되었을 것이다(테르툴리아누스는 한 번도 그것을 언급한 적

콘스탄티누스의 승리 이후 그러한 희망은 시대착오적인 것으로 보였지만, 몬타누스주의는 근거지에서 4~5세기 내내 지속되었다. 아르카디우스[재위 395~408]는 몬타누스주의 책들을 불태우라고 명령했고, 그들의 회합을 금했다. 하지만 마지막 몬타누스주의자들이 동료 기독교인들의 수중에 들어가기보다 오히려 자신들을 교회에 가두고 불타 죽는 것을 선택한 것은 유스티니아누스 재위 기간에 이르러서였다.[88]

결국 몬타누스주의의 패배는 불가피했다. 이것은 성령이 이그나티우스에게 속삭였던 현명한 충고에 이미 암시되었다. "주교 없이는 아무 것도 하지 말라."[89] 교회는 주교의 집단이 아니라는 테르툴리아누스의 반항은 소용없었다. 예언의 배척에 반대한 에이레나이오스의 항변도 소용없었다.[90] 교계의 관점에서 성삼위에서 제3위는 그 원초적 기능을 다했다.[91] 그는 신약에 너무나 깊이 자리를 잡고 있어서 제거될 수 없었지

없다). 박해가 천년지복의 기대를 자극하는 효과는 에우세비오스가 알아챘다(*Hist. Eccl.*, 6.7). 참담했던 3세기가 더 격렬한 천년지복 운동을 야기하지 않은 것은 놀랍다. 교회의 통제가 이미 꽤 엄격하고 효율적이었다고 짐작해야만 할 것이다. 그보다 다소 이른 시기에 그러한 움직임에 대해서는 다음을 참조하라. Hipp., *In Dan.*, 4.18 f.

88) *Cod. Theod.*, 16.5.48; Procopius, *Hist. arc.*, 11.14.21. Cf. Labriolle, *Crise*, pp. 528~36.

89) Ignat., *Philad.*, 7; cf. *Magn.*, 6. 여기에서 우리는 "주교가 신을 대신해서 주재한다"는 말을 듣는다. 물론, 이그나티우스 자신도 주교였다.

90) Tert., *De pudicia*, 21; Iren., *Haer.*, 3.11.12. 예언의 몰락에 대해서는 Fascher, Προφήτης, pp. 220 f.; Lietzmann, *The Founding of the Church Universal*, pp. 56~9을 보라.

91) 오리게네스는 —실로 상당히 다른 이유들로— 성령을 종속적인 행위자의 지위로 강등시키려고 시도했지만(*Princ.*, 1.3.5), 그의 견해는 교회에서 수용되지 않았다. 호교론자들은 제3위에 대해서는 별로 할 말이 없었고, 제3위를 제2위와 동일시하는 경향을 보였다(Lietzmann, *op. cit.*, p. 210). 그리고 이후 성 바실레우스는 성령의 본성에 관해 가장 덜 위험한 길은 사람들의 무지를 인정하는 것이라고 썼다(*Contra Sab. et Ar.* 6, *P. G.* 31, 613 A). 나는 라이첸슈타인과 라이제강 등에 반대하여 이러한 한 심리적 상태의 인격화가 처음에는 '실질적 경험'을 설명하려는 시도'였다고 여긴 에드윈 베번에 동의하고 싶다(*Symbolism and Belief*, p. 191). 처음에 성령의 신은 [인간 마음에] 침입한 신

만, 실제적으로는 교회의 자문단에서 어떤 들리는 임무를 수행하길 멈추었다. 자신에게 떠오른 것을 말했던 영감 있는 예언자들의 오랜 전통은 주요한 교회 고위인사들에게 자신도 모르게 허용된 지속적인 신적 인도라는 보다 편리한 관념으로 대체되었다. 예언은 지하로 숨어들었고, 중세 후기 천년지복설의 광기 속에서[92] 그리고 많은 후속적인 복음주의 운동들에서 다시 나타났다. 존 웨슬리[1703~91]는 몬타누스에게서 마음에 맞는 정신을 알아보았고, 그를 "2세기의 가장 거룩한 사람들 가운데 한 명"으로 판단했다.[93] 이 수식어와 함께 우리는 그를 떠날 수 있을 것이다.

이었지만, 그의 침입이 다시 일어나리라는 것을 교회에서 더 이상 받아들이길 그만둔 지 오랜 후에도 독립적인 지위를 유지했다.

92) 흥미로운 책인 Cohn, *Pursuit of the Millennium*을 보라. 예언자들에 의해 고대에 이행된 한 가지 전문 기능이 3세기 중반 로마 교회의 성직자들 명단에 올라 있는 퇴마사 집단에서 살아남았다 (Eus., *Hist. Eccl.*, 6.43.11).

93) J. Wesley, *Sermons on Several Occasions*, II, ed. T. Jackson, 1825, p. 328. Lariolle, *Crise*, p. 129에 인용되었다.

3장 인간과 신성한 세계

나는 다채로운 세계를 주유했고, 이제 영원 안에 중심을 잡았다.
거기가 내가 나온 자궁이며, 거기로 내 욕망이 지금 되돌아왔다.
—제이컵 보섬리

내가 2장에서 논의한 경험들은 경계선 경험이다. 그것들의 종교적 지위
는 모호하다. 그것이 내가 그것들을 '신령한 것들'로 칭한 이유이다. 우
리의 문화에서 환시나 환청은 보통 질병의 징후로 다루어진다. 그리고
꿈은 신과 인간 사이의 소통 채널이 아니라, 인간 심리의 무의식적 부분
과 의식적 부분 사이의 소통 채널로 간주된다. 이런 종류의 현상들은 특
정 개인들과 특정 종파들의 종교적 생활에서 여전히 중요한 역할을 하
지만, 우리 대부분은 그것들을 종교의 병리학에 속하는 것으로 치부하
는 경향이 있다. 나는 이제 본성상 실로 모호하고 잘 규정되지 않지만,
종교적 성격과 중요성이 일반적으로 인정되는 일군의 경험을 예시하고
논의하길 제안한다.
　여기서 검토될 모든 믿음과 경험은 느슨하게 '신비주의적'(mystical)
으로 묘사될 수 있는 종류이다. 하지만 '신비주의'(mysticism)는 위험하
게도 흐릿한 용어이다. 이 장의 목적을 위해 나는 라랑드가 『철학의 전
문적·비판적 어휘』[1]에서 제공한 엄격한 정의를 채택할 것이다. 신비주

의는 "인간 정신과 존재의 근원적인 원리 사이의 내밀하고 직접적인 합일의 가능성에 대한 믿음이며, 그러한 믿음은 보통의 존재나 인식과 다르고, 상위에 있는 존재의 양식과 인식의 양식을 동시에 구축한다".

나는 그러한 합일이 가능하다는 의견을 지닌 사람들을 '신비주의적 이론가'라고 부를 것이며, 스스로 그것을 경험했다고 믿는 사람들을 '실천적인 신비주의자'라 부를 것이다. 첫 번째 부류의 사람들은 물론 두 번째 부류의 사람들을 포함할 수 있지만, 거꾸로는 아니다. 만약 우리가 우리의 용어를 이런 식으로 정의한다면, 우리의 첫 번째 과제는 구체적으로 신비주의적인 이론들과 경험들을 오직 느슨하고 정확하지 않은 의미에서 '신비주의적'이라고 불리는 다른 것들로부터 최대한 구분하는 것이다. 우리가 논의하는 시기의 종교적 경험을 다루는 작업들에는 이 주제에 대한 많은 혼동이 있다.[2]

혼동의 빈번한 원천 가운데 하나는 그리스어 'ekstasis'[ἔκστασις, 엑스타시스]이다. 중세 신비주의 문학에서 엑스터시(ecstasy)가 신비적 합일 상태를 묘사하는 표준적인 표현이었기 때문에 이 의미를 그리스어에

---

1) A. Lalande, *Vocabulaire technique et critique de la philosophie*, 5th ed., 1947, p. 644. Festugière, *Révélation*, IV, p. 265에 재인용. 이 정의는 다음과 같은 장점이 있다. (1) '신'이라는 용어를 도입하지 않는데, 어떤 동양의 신비주의자들은 그 용어를 분명 거부할 것이다. (2) 경험의 존재적이고 인식적 측면을 똑같이 강조한다.

2) 예를 들어 푸에슈처럼 훌륭한 학자도 친숙한 의미에서의 기독교 신비주의가 나중에 등장했다고 올바르게 언급한 후에, "황홀경(ecstasy)이 본질적으로 예언에 결부되고 종속된 '신비주의'에서 출발했다"고 덧붙였다(H.-C. Puech, *Revue d'Histoire et de Philosophie religieuses*, 1933, p. 513). 이것은 역사적 순서는 정확하게 기술하지만, 예언자의 '황홀경'이 신비적 합일의 '황홀경'과 상당히 다른 심리적 상태라는 것을 분명히 나타내지 못한다. 심지어 닐슨마저 플로티누스의 '고요한 황홀경'(stille Ekstase)을 이암블리코스의 신체 부양과 마치 동급의 현상인 것처럼 짝을 지었다(*Gesch.*, II, p. 415).

거꾸로 넣어서 읽는 것은 너무나 쉬운 일이었다. 그러나 '엑스타시스'와 그것의 동족어들은 사실상 매우 넓은 적용 범위를 가진다.[3] 고전 그리스어에서 그것들은 정상 조건으로부터 떠남, 마음이나 기분의 급작스러운 변화 일반을 가리켰으며, 이 용법으로부터 보다 특수한 다양한 의미가 발전했다. 그것들은 경외나 망연자실 상태를 지시할 수 있다. 예수가 '놀란'(existanto) 박사들과 구경꾼들과 토론했을 때처럼 말이다.[4] 그것들은 아리스토텔레스와 의술 저술가들에 있어서 자주 그러하듯이, 히스테리나 정신 이상을 지시할 수 있다.[5] 그것들은 (구약의 예언자들의 경우처럼) 신적인 것이든 또는 (오리게네스가 퓌티아에게 귀속시킨 엑스타시스에서처럼)[6] 악마적인 것이든 신들림을 지시할 수 있다. 이러한 용법은 필론 이후로 일반적인 것이다. 이 의미들 가운데 어떤 것도 신비적 합일과 상관이 없다.

필론이 히브리 예언자들에게 귀속시킨 엑스타시스는 때로는 신비적 합일의 그것과 혼동되어 왔는데, 이는 그러한 엑스타시스에 대한 그의 설명에서 분명해지듯이 상당히 잘못된 것이다. 그가 말하길, "우리

---

3) Cf. F. Pfister in *Pisciculi F. J. Doelger dargeboten*, 1939, pp. 178 ff.; *Reallexikons für Antike und Christentum*, 4, s.v. Ekstase; G. W. H. Lampe, *A Patristic Greek Lexicon*, fasc. 2, 1962, s.v. ἔκστασις. 다양한 의미는 이미 필론에 의해 구분되었다. Philo, *Quis rer.*, 249.

4) Luke ii. 47. Cf. Plato, *Menex.*, 235 A 7; Menander, fr. 136 Koerte: τὰ μηδὲ προσδοκώμεν' ἔκστασιν φέρει[기대치 못한 것이 놀라움을 가져온다].

5) Ar., *E.N.*, 1149 b 35: ἐξέστηκε τῆς φύσεως, ὥσπερ οἱ μαινόμενοι[마치 미친 사람들처럼, 본성에서 벗어났다]. Hipp., *Prorrh.*, 2.9: αἱ … μελαγχολικαὶ αὗται ἐκστάσιες οὐ λυσιτελέες[이 흑담즙병(멜랑콜리아)적 정신 나감은 이롭지 않다].

6) Origen, *c. Cels.*, 7.3. 이러한 경멸적인 의미가 오리게네스에게 통용되었다(W. Völker, *Das Vollkommenheitsideal des Origenes*, 1931, pp. 137 ff.). 푈커가 오리게네스의 *Hom. in Num.*, 27.12에서 발견했다고 주장하는 유일한 엑스타시스의 신비주의적 용례는 내게는 지극히 의심스러워 보인다.

안의 마음은 신적인 영이 임하면 자신의 집으로부터 추방되고, 그것[신적인 정신]이 물러나면 다시 회복된다. 필사적인 것과 불사적인 것은 같은 집을 공유할 수 없으니 말이다".[7] 이것은 신비적 합일에 대한 묘사가 아니다. 그것이 묘사하는 것은 일시적인 '신들림' 상태이거나 오늘날 '영매의 가수 상태'라 불리는 것이다. 초자연적인 영이 인간 육신에 내려오는 것이지, 그 인간이 자기 자신을 몸 위로 올리거나 올려지게 되는 것이 아니다. 내가 아는 한, 그 용어가 엄밀한 의미에서 신비적 경험에 최초로 적용된 것은 플로티누스의 유명한 문장에서이다.[8] 거기에서 신비적 합일은 '엑스타시스, 자기 단순화와 헌신,[9] 접촉을 향한 열망, 즉 고요함이자 동시에 적응을 위한 정신적 노력'이다.[10] 기독교 신비주의는 분명 플로티누스로부터 니사의 그레고리오스를 통해 엑스타시스의 용법을 이끌어 냈다.

말에 현혹되는 경우의 다른 예를 들겠다. "나는 너이고 너는 나이다"라는 정식은 영혼과 그것의 신적 근원과의 동일성을 표현하기 위해 자주 기독교, 인도, 이슬람교도 신비주의자들에 의해 사용된다. 예를 들어, 13세기 폴리뇨의 안젤라(Angela of Foligno)는 그리스도가 그녀에게 "너는 나이고, 나는 너이다"라고 말하는 것을 들었다.[11] 이제 이 상호동

---

7) Philo, *Quis rer.*, 264 f. 필론의 언어의 많은 부분이 느슨한 의미에서 '신비주의적'이지만, 그가 개인적으로 향유했다고 주장하는 유일한 유사-신비주의적 경험은 생각이 저절로 그의 펜으로 흘러갔을 때 발생한 작가의 영감이다(*Migr. Abr.*, 7).

8) Plot., VI, ix, 11.22 Br. V, iii, 7.14와 VI, vii, 17.40에서 그 용어는 원래의 상태를 벗어남이라는 일상적인 넓은 의미를 지닌다.

9) ἐπίδοσις는 여기에서 대체로 'surrender'[굴복, 바침]의 의미로 이해된다. 이 생각에 대해서는 V, v, 8.11 참조. 번역의 가능한 대안으로 'expansion'[확장]이 있다. Ar., *De anima*, 417 b 7.

10) 나는 'ἐφαρμογή'를 '영혼의 중심을 대 중심에 맞추는 것'으로 이해한다(VI, ix, 8.19). Cf. VI, ii, 8.30.

일성의 정식이 우리가 다루는 시기 안에 또는 주변에 사용된 경우가 여섯 번 정도 있다. 그러나 그것이 안젤라가 생각한 의미에서 사용되었다고 생각하는 것은 성급한 일일 것이다.

우리는 마법 파피루스에서 마법사가 우주의 최고신에게 '자기 생애의 모든 날 동안' 들어와 '자기 영혼의 모든 소망'을 들어 달라고 탄원하는 것을 읽게 되는데, 이 탄원 후에 마법사는 "당신은 나이고, 나는 당신이니까. 내가 말하는 것은 무엇이든 일어나야 한다"라고 외친다.[12] 이것은 명백히 신비적 합일일 리 없다. 상호동일성은 선행하는 주문에 의해 마법적으로 유도되었으며, 평생 지속한다. 마법사가 그것을 유도한 동기는 개인적 권력의 획득이다. 우리가 말할 수 있는 최대한의 것은 저자가 종교적 기원을 지닌 한 정식을 골라서 그것에 마법적 능력을 귀속시켰고 자기 자신의 목적을 위해 사용했다는 것이다. 마법 파피루스는 계속해서 다른 사람들의 종교의 잔해로 기능한다.[13]

적어도 표면상 안젤라의 주장에 훨씬 가까운 것은 영지주의의 『피스티스 소피아』의 한 단락이다. 거기에서 예수는 참된 영지주의자에 대

---

11) 이 예와 뒤따르는 대부분의 예는 다음에서 취했다. O. Weinreich in *Archiv für Religionswissenschaft*, 19, 1918, pp. 165 ff.

12) *P. G. M.*, xiii, 795. *P. G. M.*, viii, 36과 50에서 헤르메스에게 마법사 안으로 "마치 아기가 자궁에 들어오듯이"(viii, 1) 들어오라고 탄원한 후, 이 정식을 유사한 방식으로 사용한다. 이 정식이 나오는 두 개의 다른 문단은 우리의 현재 주제와 상관없다. Cf. M. Berthelot, *Collection des ancient alchimistes grecs*, I, 1887~8, pp. 28 ff. 여기에서는 호루스 신과 암나엘 천사의 합일이 주장된다. 에이레나이오스에 따르면, 영지주의자 마르쿠스와 그의 여성 제자들 사이에 '성적인' 합일이 이루어졌다(Iren., *Haer.*, 1.13.3).

13) Cf. M. P. Nilsson, "Die Religion in den griech. Zauberpapyri", *Bulletin de la Société des lettres*(Lund), 1948, pp. 59 ff.; A. D. Nock in *The Journal of Egyption Archaeology*, 15, 1929, pp. 219 ff.

해 "그 사람은 나이고 나는 그 사람이다"라고 말한 것으로 되어 있다.[14] 그러나 그 정식의 가장 흥미로운 예는 뱀숭배주의의 『이브 복음』에 나온다. 거기에서 한 '천둥의 목소리'가 "나는 너이고 너는 나이다. 네가 있는 곳에 나도 있다. 나는 만물에 흩어져 있다. 어디서든 네가 원하는 곳에서, 너는 나를 모으며, 나를 모으면서 너는 네 자신을 모은다"라고 말한다.[15] 이것은 안젤라의 언어나 플로티누스의 언어가 아니라, 외향적이거나 범신론적인 신비주의의 언어에 속하는 것으로 보인다. 나는 이 주제로 되돌아올 것이다. 하지만 나는 먼저 신비적 합일과 쉽게 혼동되는 다른 양상의 경험을 논해야 한다.

이것은 '신성화'(θεὸς γενέσθαι, θεοποιεῖσθαι, (ἀπο)θεωθῆναι)로 묘사되는 경험이다. 인간 존재가 사후 신이나 신령이 될 수 있다는 것은 물론 오랫동안 친숙한 관념이다. 그것은 헬레니즘 시대나 로마 시대의 이교적 비석에서 자주 주장된다.[16] 그러나 인간이 생전, 클레멘스가 표현한 것처럼 '살 속에서 걸어 다니는 신'이 된다는 것은 헬레니즘 시대와 로마 시대의 통치자 숭배의 관습을 제외하고는 오히려 우리에게 이상하게 보일 수밖에 없다.[17] 하지만 우리는 이 언어가 플로티누스, 포르피리오

---

14) *Pistis Sophia*, 96, p. 168 Schmidt. 하지만 이 언급은 영지주의자가 신성에 **궁극적으로 흡수되는 것**을 가리키는 것으로 보인다(cf. Burkitt, *Church and Gnosis*, p. 77).

15) Epiphanius, *Haer.*, 26.3.1(=E. Hennecke, *Neutestamentliche Apokryphen*, 3rd ed., 1959, p. 166). 범신론적 언어에 대해서는 『토마스 복음』 77절을 참조하라. "나는 만물이다. 나로부터 만물이 나왔고, 나로 만물은 돌아간다. 장작을 패라. 내가 거기에 있다. 돌을 들어 올려라, 그러면 너는 나를 발견할 것이다."

16) Cf. R. Lattimore, *Themes In Greek And Latin Epitaphs*, 1942; A.-J. Festugière, *L'Idéal religieux des grecs et l'Évangile*, 1932, Part II, ch. 5.

17) Clem., *Strom.*, 7.101.4. Cf. Epicurus, fr. 141: ἄφθαρτός μοι περιπάτει καὶ ἡμᾶς ἀφθάρτους διανοοῦ [너는

스, 헤르메스주의자들과 같은 이교도들뿐만 아니라, 에이레나이오스, 클레멘스, 오리게네스와 니사의 그레고리오스에 의해 반복해서 사용되었음을 발견한다. 이를 이해하기 위해서 우리는 물론 먼저 다음과 같은 사실을 기억해야 한다. 다신교적 사회에서 'theos'라는 단어는 'God'이 우리에게 전달하는 두려움과 거리감의 압도적인 어감을 가지고 있지 않다. 그리스의 민중 전통에서 신과 인간의 주된 차이점은 신이 죽음에서 면제되어 있고, 이러한 면제가 가져다준 초자연적인 힘을 가진다는 것이다. 이로부터 "인간은 죽는 신이고, 신은 죽지 않는 인간이다"라는 인기 있는 표현이 나왔다. 또한 한 인간이 초자연적인 힘을 보여 주는 것처럼 나타나면, 그를 신으로 여길 가능성도 생겼다. 이런 일은 뤼스트라에서 바울과 바르나바스에게 일어났으며, 여러 번 튀아나의 아폴로니오스에게도 일어났다.[18]

그런데 철학자들은 신의 자격으로 또 다른 것, 즉 완전한 좋음(선)을 부가했다.[19] 그들은 인간이 이 신적인 좋음을 가능한 한 모방해야 한다고 말했다. 이것은 homoiosis, '신을 닮아 감'의 가르침인데, 플라톤에 의해 처음으로 『테아이테토스』의 유명한 단락에서 언급되었으며, 우리가 다루는 시기의 플라톤주의자들(이교도 쪽과 기독교인 쪽 모두)에 의해 지속적으로 반복되었다.[20] 이것은 도덕적 가르침이지 신비주의적 가르

내게 불멸자로서 오라. 그리고 우리를 불멸자로 생각하라].

18) Acts xiv. 8 ff.; Philostr., *Vit. Apoll.*, 4.31; 5.24; 7.11. 단어 θεός의 제한된 함축에 대해서는 A. D. Nock, "Deification and Julian", *The Journal of Roman Studies*, 41, 1951, pp. 115~23 참조.

19) Cf. Plut., *Aristides*, 6. "신성은 세 가지 특징, 즉 불멸성, 권능, 덕에 의해 구분된다고 간주된다."

20) Plato, *Theaet.*, 176 B: φυγὴ δὲ ὁμοίωσις θεῷ κατὰ τὸ δυνατόν· ὁμοίωσις δὲ δίκαιον καὶ ὅσιον μετὰ φρονήσεως γενέσθαι[도피는 가능한 한 신을 닮아 가는 것이다. 신을 닮아 가는 것은 지혜와 함께 정의롭고

침이 아니다. 닮아 간다는 것은 같다는 것이 아니다. 그러나 그것은 같음을 이상적인 목표로 지향했다. 그래서 플로티누스는 좋은 사람의 궁극 목표가 죄를 피하는 소극적인 것이 아니라 신이 되는 적극적인 것이라고 말할 수 있었고, 클레멘스는 그러한 사람이 '신이 됨을 실천한다'고 말할 수 있었다.[21] 이러한 종류의 글들에서 '신성화'는 닮아 감의 이론적 한계 그 이상은 아닌 것으로 보인다. 그런 것으로서 '신성화'는 이상적 현자를 규정하는 데 쓰인다. 그는, 포르피리오스가 표현하듯이 "신과 비슷함을 통해 자신을 신성화한다".[22] 아마도 이러한 의미에서 동방의 가톨릭 신학자들은 '신성화'를 말할 수 있었을 것이다. 그들은 이러한 관념을 지지하는 성경적 권위를 『창세기』 1장 26절과 『시편』 82장 6절에서 발견했다.

그러나 이교와 기독교 양쪽 모두에서 그러한 표현이 실질적인 정체성 변화를 지시하는 것으로 보이는 구절들이 있다. 거기에서 인간적 인격은 마법 의식이나 신적인 은총 또는 이 둘의 어떤 결합을 통해 신적

경건한 자가 되는 것이다]. 플라톤의 이 구절에 대한 후대의 인용에서, 가령 플로티누스의 경우 [의미를] 제한하는 표현인 κατὰ τὸ δυνατόν[가능한 한]이 자주 생략된다는 것은 의미심장하다. 이 관념의 역사에 대한 주의 깊은 탐색으로 H. Merki, ̔Ομοίωσις Θεῷ, 1952를 보라.

21) Plot., I, ii, 6.2(여기에서 우리는 맥캔나의 번역처럼 'to be God'이 아니라, 'to be a god'이라고 번역해야 한다. 6행 참조); Clem., Strom., 6.113.3. 클레멘스의 '신성화'에 대해서는 G. W. Butterworth in The Journal of Theological Studies, 17, 1916, pp. 157~69를 보라. 그리스 교부 전반에 대해서는 J. Gross, La Divinisation des chrétiens d'après les pères grecs, 1938을 참조하라. 버터워스는 클레멘스에 대해 다음과 같이 말한다. "그의 과장적인 언어가 의미하는 것은 단순히 이것, 즉 인간 내부의 신적인 요소가 점차적으로 그것이 유래한 신과 더욱 가깝고 더욱 의식적인 합일에 이른다는 것이다"(loc. cit., p. 160). 이것은 아마도 너무 심한 단순화일 것이다. 그것은 영지주의가 클레멘스에 영향을 끼쳤다는 결론을 허용하지 않는다.

22) Porph., Ad Marc., 285.20 Nauck. Cf. Porph. apud Aug., Civ. Dei, 19.23: "모방은 우리를 신께로 가까이 인도함으로써 우리를 신성하게 한다."

인 인격으로 대체된다. 페스튀지에르가 보여 주었듯이,[23] 『헤르메스 전집』의 제13논고는 분명 그것을 의미한다. 이 논고는 '하나의 신(a god), 모든 신적인 권능의 총체인 신(God)의 아들'이 한 살아 있는 인간에게 들어와서, 이 인간이 그러한 신, 즉 신의 아들이 되는 갱생(regeneration)의 경험을 묘사한다.[24] 이것은 인간이 신에 의해 침투된 것에 못지않다. 그 자체로 그것은 필론의 '엑스타시스'와 2장에서 검토한 신들림의 경우들에 비교될 만하지만, 귀결된 상태가 영속적이라는 점에서 그것들과 다르다.

새로 태어난 자는 그때부터 죄가 없다는 것이 헤르메스주의자와 클레멘스의 공통된 가르침이다.[25] 헤르메스주의자에게 '갱생'은 부분적으로는 비술적인 지식의 전수를 동반하는 의례 행위에 의존하며,[26] 부분적으로는 신적인 은혜에 의존하는 것으로 보인다. 클레멘스에게 그것은 세례와 교육 그리고 은총에 의존한다. 어떤 기독교 영지주의자들은 그것이 특별한 의식, 제2의 세례를 요구한다고 주장하고, 다른 이들은 영지의 획득 그 자체로 충분하다고 주장했다.[27] 이 모든 경우 아래에

---

23) *Révélation*, IV, pp. 200~67.

24) *Corp. Herm.*, xiii, 2.

25) 그러나 오리게네스는 더 현명한 견해를 취했다. 그에 따르면, 영혼이 결코 구원에 무능하지 않은 것처럼, 결코 죄에 빠지는 것에 무능하지 않다. 선택의 자유는 그것에게서 떼어 낼 수 없는 본성에 속한다. '죄 없는' 영지주의자라는 교리의 성경적 전거는 『요한일서』 3장 6절에 발견된다.

26) 신성화의 후보는 신의 숨결로 '흡입되어야'(ἐπισπάσασθαι) 한다(*Corp. Herm.*, xiii, 7). 불멸성의 후보도 마찬가지다(*P. G. M.*, iv, 537). 두 경우 모두 영[프네우마]은 물질적인 용어로 개념화된다. Cf. Festugière, *Révélation*, III, p. 171; IV, p. 249. 그리고 윌리엄 제임스가 인용한 19세기 초반 '회심'의 설명을 참조하라. W. James, *The Varieties of Religions Experience*, 1902, Lectures ix: "나의 입과 심장으로 들어오는 어떤 흐름(느낌상 공기를 닮았다)이 있었다. 그것은 뭔가를 마시는 것보다 더 감각적인 방식으로 들어왔고, 내가 판단할 수 있는 한, 5분 남짓 지속되었다."

깔린 심리학적 사실은 회심(conversion) 현상이다. 이것은 판이 깨끗하게 닦였다는 확신과 (적어도 일시적으로) 죄지을 욕구의 마법적 소멸을 동반한다.[28]

회심이 급작스럽고 완전할 경우, 주체는 자신이 실존의 새로운 단계에 올라가 있다고 느낀다. 리프턴이 표현했듯이, 이념에서의 주요 변화는 정체성에서의 주요 변화를 요구한다.[29] 우리는 지난 장에서 정체성 위기를 암시하는 몇 가지 징후를 보았다. '이것은 아리스테이데스의 상인가 아니면 아스클레피오스의 상인가?' '이것은 몬타누스의 목소리인가 아니면 몬타누스를 사용하는 그 목소리인가?' 비슷한 질문을 제기할 수 있다. '나는 어제의 나처럼 여전히 불안하고 죄 많은 존재인가? 나는 오히려 안전함과 무구함으로 다시 태어난 새로운 존재가 아닌가?' 그리고 프로이트적인 용어로 말하자면, 그러한 사람은 강한 아버지상을

---

27) Iren., *Haer.*, 1.21.1 (Marcosians). 세례의 마법적 효과에 대해서는 Cyprian, *Ad Donatum* (*De gratia Dei*), 3~4를 보라. 세례를 받는 이에게 "경이로운 방식으로 의심스러운 것이 갑자기 확실해지고, 닫힌 것이 열리며, 어둠이 빛이 되고, 불가능하다고 생각되었던 것이 가능해졌다".

28) Cf. Kirk, *Vision*, pp. 229~34. 이그나티우스의 말로, '정신적인 사람은 육체적인 일을 할 수 없기' 때문에 어떤 이들은 만약 그가 육체적인 일을 하는 것으로 보이면 실제로 하지 않는다고 결론 내렸다. 정통 교부들은 특정 영지주의자들이 이를 바탕으로 모든 도덕적 규칙을 무시한다고 비난했다. 그러한 문제에 있어 교부들은 가장 신뢰할 만한 증인들은 아니다. 그러나 그들에 대한 고발은 플로티누스(II, ix, 15)의 독립적인 증언과 다른 문화들에서 일어난 일을 통해 지지받는다(cf. Zaehner, *Mysticism*, pp. 187 f., p. 206).

29) R. J. Lifton, *Thought Reform and the Psychology of Totalism*, 1961, pp. 454 ff. 자아 정체성 문제는 플로티누스의 두 단락(VI, iv, 14.16 ff.; I, i, 10 f.)에 의해 명시적으로 제기되고 논의된다. 나(ἡμεῖς)는 실재 구조의 일부인 무시간적인 자아와 동일시되어야 하는가 아니면 '존재하길 욕망했고 자아를 발견했으며 자신을 그것에 붙인 다른 자와 동일시되어야 하는가? 그의 대답은 나의 정체성은 불안정하다는 것이다. 그것의 경계들은 의식의 오르내림과 더불어 오르내린다. 이 발견의 중요성은 아도의 최근 책에서 잘 드러났다. P. Hadot, *Plotin ou la simplicité du regard*, 1963, ch. ii. [도즈가 '나'로 옮긴 그리스어 'ἡμεῖς'는 원래 '우리'를 뜻하지만, '나'의 의미로 사용될 수 있다.]

자신에게 투사함으로써 위기를 해결할 수 있을 것이다. 이제 그는 아담 파처럼 '우리 안에 계신 나의 아버지에게' 기도할 수 있을 것이다.[30]

내가 논의해 온 현상은 신비적 합일(이것은 짧게 지속하는 경험으로 대개의 경우, 만약 정말 다시 발생한다면, 오직 큰 시간 차를 두고 발생한다)과 전적으로 다르다는 것이 분명해야 한다. 플로티누스는 사실 신비적 합일에서 영혼이 '신이 되었다, 아니 오히려 신이다'[31]라고 말할 수 있다. 그러나 이것은 클레멘스나 헤르메스주의자들이 '신성화'를 말할 때 의미하는 것이 아니다. 이 차이는 중세 후기 신비주의에 관해 노먼 콘이 말한 것이 잘 보여 준다. 그는 14세기 팸플릿 『카트레이 수녀』(*Schwester Katrei*)에 나오는 주장, 즉 "그리스도는 나를 그와 같게 만드셨고 나는 그러한 상태를 결코 잃을 수 없다"를 인용한 후 다음과 같이 말한다. "물론, 그러한 경험과 위대한 가톨릭 신비주의자들의 경험을 갈라놓은 심연은 엄청나다. 교회가 인정하는 신비적 합일(unio mystica)은 순간적인 조명으로 오직 가끔, 아마도 생전 단 한 번 허용된다. 그리고 그것이 어떤 에너지를 방출하든, 어떤 확신을 부여하든, 그것을 경험한 인간은 그것을 통해 그의 인간적 조건을 버리지 못했다. 지상에서 삶을 살아 내야 하는 자는 보통의 필사자였다. 한편, 이단적인 신비주의자는 자신이 전적으로 변형되었다고 느꼈다. 그는 단지 신과 합일했을 뿐만 아니라, 신

---

30) Cohn, *Pursuit of the Millennium*, p. 233. 매우 다양한 인종적·종교적·사회적 출신의 사람을 함께 넣은 로마 제정기 후기의 거대한 용광로에서 '나는 누구인가?'라는 질문이 특수한 중요성을 가졌으리라 기대해야 한다. 같은 이유로 그 질문은 근대 미국에서도 중요하다. Cf. E. H. Erikson, *Identity and the Life Cycle*, 1956.

31) Plot., VI, ix, 9.59.

과 동일하며 영원히 그렇게 남으리라 느꼈다."[32]

왜냐하면 '위대한 가톨릭 신비주의자들'은 '플로티누스'를 읽었고, '이단적인 신비주의자들'은 '특정 헤르메스주의자들과 기독교 영지주의자들'을 읽었기 때문이며, 이 구분은 완벽하게 우리가 다루는 시기에 적용된다. 플로티누스 또한 신적인 현전의 독점에 대한 영지주의자들의 과대망상적인 주장을 거부했다. 그에게 신은 모든 존재에 현전하며, 그러한 현전을 의식하게 되는 힘은 '모든 사람이 소유하지만, 소수만이 사용하는' 능력이다(I, vi, 8.24). 그는 영지주의자들에게 말한다. "만약 신이 이 세상에 없다면, 그는 네 안에도 없으며, 너는 그에 대해 말할 수 있는 아무것도 가질 수 없다"(II, ix, 16.25).

이제 나는 신비적 합일이라는 어려운 주제를 다루고자 한다. 여기에서도 여러 가지가 구별되어야 한다. 중요한 근간 두 권, 제너 교수의 『성스럽고 속된 신비주의』와 스테이스 교수의 『신비주의와 철학』에서 신비주의의 유형학을 확립하려는 시도가 있었다. 두 저자는 다른 용어를 사용하고, 다른 결론에 이르렀지만, 경험을 두 개의 주요 유형, 즉 외향적인 것(제너 교수는 '자연적 신비주의'라고 부른다)과 내향적인 것으로 구분하는 데 동의한다. 나는 스테이스의 정의를 인용하겠다.

외향적 경험은 감각을 통해 바깥을 바라보지만, 내향적 경험은 마음 안으로 들여다본다. 둘 다 궁극적인 단일성(unity)의 지각에서 절정에 이르는데, 지각자는 그것과 그 자신의 합일 또는 심지어 동일성을 깨닫는

---

32) Cohn, *Pursuit of the Millennium*, p. 184.

다. 그러나 외향적 신비주의자는 자신의 육체적 감각을 사용해서 다수의 물질적인 외부 대상들이 신비적으로 변형된 결과, '하나' 또는 단일성이 그것들을 통해 빛나는 것을 지각한다. 이와 반대로, 내향적 신비주의자는 의도적으로 감각을 차단함으로써 … 자기 자신의 깊은 곳으로 빠지길 추구한다.[33]

여기까지가 스테이스의 말이다. 이 두 가지 방식 가운데 어디에서 단일성을 발견하는가는 내 짐작에 부분적으로는 개인적 기질 문제이고, 부분적으로는 문화적으로 결정된다.

내가 1장에서 말한 것으로부터 우리가 다루는 시기의 주요 경향은 외향적 접근보다는 내향적 접근을 옹호했다는 것이 명백하다. 『티마이오스』에서 샘솟아 모든 스토아주의자에게로 깊거나 얕게 흐른 '우주적 낙관주의'의 물길, 가시적 우주의 현전에 대한 경외감은 결코 완전히 사라지진 않았지만, 모래 속으로 스며들기 시작했다. 반면, '우주적 비관주의'의 반대 물길이 지속해서 힘을 얻었다. 마르쿠스 아우렐리우스가 '모든 것을 포함하는 하나의 세계, 모든 것을 관통하는 하나의 신, 하나의

---

33) Stace, *Mysticism and Philosophy*, pp. 61~2(약간 생략). 제너는 '자연적 신비 경험'을 '모든 것 안에 있는 자연(Nature)의 경험 내지 모든 것을 하나로 경험하는 것'으로 정의한다. Zaehner, *Mysticism*, p. 50. 그가 '범신론적 신비주의'라는 용어를 거부한 것은 옳다. 왜냐하면 어떤 신비주의자들(특히, 리처드 제프리스)은 자신들이 '신'(God)이라고 부를 준비가 되어 있는 어떤 것도 그 경험에서 인정하지 않았기 때문이다. 다른 이들은 그 경험이 실제로는 내적 세계의 외부 투사이지, 감각 인상의 단순한 수용이 아니라는 이유로 '외향적'이라는 용어에 반대할 수 있다. 그러나 그것은 적어도 감각의 사용에 관련되는 데 반해, '내향적' 신비주의는 그것을 제외한다. 루돌프 오토는 이미 '하나의 관조'(Einheitsschau, 외향적)와 '자기침잠'(Selbstversenkung, 내향적)의 비교할 만한 구분을 제시했다. R. Otto, *Mysticism East and West*, Eng. trans., 1932, ch. iv.

실체와 하나의 법'에 대해 말했을 때, 그에게 신적으로 정돈된 사물들의 통일성에 대한 옛 느낌은 여전히 살아 있고 강력했다. 또한 그는 스스로 그것과 자신의 통일성을 상기시킨다. "모든 사람의 정신은 하나의 신, 즉 신성으로부터 흘러나온 것이다." 자신을 신의 나라로부터 단절시키는 사람은 대자연의 얼굴 앞에서 반항하는 암과 같다.[34] 그러나 이것들은 전통적인 생각들이다. 여기에 개인적인 신비 체험을 가리키는 것은 전혀 없다. 그 시대의 특징을 더 잘 드러내는 것은 그가 내면의 삶, 즉 '자아를 이루는 작은 영역'으로 물러날 필요를 반복해서 강조한 것이다. '내면에서 샘을 파라'고 그는 말한다. "내면에 좋음의 샘이 있다. 그것은 항상 샘솟을 준비가 되어 있다. 네가 계속해서 파는 한." 한번은 그가 승리의 환호를 외쳤다. "오늘 나는 모든 역경을 피했다. 아니 오히려 모든 역경을 몰아냈다. 왜냐하면 그것은 내 밖에 있었던 것이 아니라, 내 안의 내 생각 속에 있었기 때문이다."[35] 이러한 말들은 어느 정도는 플로

---

34) M. Ant., 7.9; 12.26; 4.29. 이러한 글들은 내용상 전통적이지만 심오한 느낌을 담고 있는 것으로 보인다(1장 각주 13) 참조). 윌리엄 제임스는 "그의 말에 어린 추상 같은 차가움을 유대교 종교 저술에서는 거의 찾을 수 없고 기독교 저술에서는 결코 찾을 수 없다"라고 말했을 때(*The Varieties of Religions Experience*, Lecture ii), 그의 글이 지닌 따뜻함에 정당한 평가를 하지 못했다. 빌라모비츠가 진실에 더 가까웠다. 그에 따르면, 마르쿠스는 믿음과 사랑을 모두 가졌다. 그가 결여한 것은 희망이다. U. von Wilamowitz-Moellendorff, *Kaiser Marcus(Vortrag)*, 1931, p.10.

35) M. Ant., 4.3.4; 7.59; 9.13. Cf. 6.11, ἐπάνιθι εἰς ἑαυτόν[내 안으로 가라]. 자신으로 물러남(ἀναχώρησις)에 대한 일반적인 논의는 Festugière, *Personal Religion*, pp. 58 ff.을 보라. ἐπιστρέφεσθαι εἰς (πρὸς, ἐπί) ἑαυτόν[자신으로 되돌아감, 자기 회귀]의 특수한 용어에 대해서는 P. Aubin, *Le Problème de la «Conversion»*, 1963 참조. 이 마지막 표현은 마르쿠스에 의해 단 한 번 사용되었고(9.42.4: cf. 8.48: ἡγεμονικόν[영혼의 주된 부분]에 관해 εἰς ἑαυτό συστραφέν[자신으로 되돌아갔다]), 에픽테토스에 의해 여러 번 사용되었지만, 플로티누스의 경우 그것이 요구하는 형이상학적인 함축을 가지고 있지 않다. Proclus, *The Elements of Theology*, ed. E. R. Dodds, 1992, props. 15~17에 대한 나의 주석을 보라. 오빈이 플로티누스 이전의 기독교 작가들한테서 ἐπιστρέφεσθαι εἰς ἑαυτόν의 용례를 발견하지 못한 것은 흥미롭다(Origen, *Comm. in Gen.*, 3.9는 실제적인 예외가 아니다).

티누스를 예견한다. 마르쿠스의 외적 인간이 사르마티아인들에 맞서 효율적인 전쟁을 수행할 때, 그의 내적 인간은 내면으로의 여행으로 분주했다. 그러나 나는 그를 '신비주의적 이론가'라고 부르는 것조차 망설인다. 그의 관심은 단순히 외부 세계에 대한 감정적 애착으로부터 그 자신을 해방하는 것이다. 마르쿠스는 '좋음의 샘은 안에 있다'고 말할 수 있지만, 아직 플로티누스와 함께 '만물이 안에 있다'고 말할 수 없다. 그에게 외부 세계는 당혹스럽지만 여전히 확고하고 불투명하다.

보다 외향적 부류의 신비 체험을 암시하는 것은 내가 영지주의적인 『이브 복음』에서 인용한 구절이다. 나는 그것 옆에 헤르메스 제11논고를 놓을 것이다. 거기에서 정신(Nous)은 헤르메스에게 다음과 같이 말한다.

> 만약 너 자신을 신과 같이 만들지 않으면, 너는 신을 파악할 수 없다. 왜냐하면 같은 것은 같은 것에 의해 파악되기 때문이다.[36] 모든 물체를 뛰어넘어라. 그리고 너 자신을 측량할 수 없는 크기로 확장하라. 모든 시간을 벗어 버리고, 영원이 되라.[37] 그러면 너는 신을 파악할 것이다.

---

36) 플로티누스는 동일한 원칙을 신비적 합일에 적용한다. VI, ix, 11. 32. 그 원리의 역사에 대해서는 A. Schneider, *Der Gedanke der Erkenntnis des Gleichen durch Gleiches in antiker und patristischer Zeit*, 1923을 보라.

37) Αἰὼν γενοῦ. 이 문장(두 가지 끊어 읽기를 허용한다)의 해석에 대해서는 Festugière, *Révélation*, IV, pp. 148 f.를 보라. 고대 후기 αἰών[아이온, 영원]에 부가된 다양한 의미에 대해서는 A. D. Nock in *Harvard Theological Review*, 27, 1934, pp. 78~99와 Festugière, *Révélation*, IV, ch. viii과 ix을 보라. 프로이트의 익명의 친구가 묘사한 '영원의 감각'을 참조하라(*Civilization and its Discontents*, p. 2). 그러나 '영원(aion)으로의 상승'은 철학적 이해를 의미하는 수사학적 비유 이상일 필요가 없다. 에피쿠로스주의자 메트로도로스 fr. 37(=Clem., *Strom.*, 5.138): ἀναβὰς τῇ ψυχῇ ἕως ἐπὶ τὸν αἰῶνα καὶ τὴν

… 네 안에 모든 피조물, 불과 물, 마른 것과 젖은 것에 대한 모든 감각을 품어라. 동시에 어디에나, 바다에, 땅에, 하늘에 있어라. 동시에 자궁에 수태되지 않고 수태되고, 젊고 늙었으며, 죽었고 죽음 너머에 있어라. 그리고 만약 네가 이 모든 것을, 시간과 장소와 실체, 질, 양을 네 생각 안에 가질 수 있다면, 너는 신을 파악할 수 있을 것이다. 그러나 만약 네가 네 영혼을 몸에 가둠으로써 그것을 업신여긴다면, 만약 네가 '나는 아무것도 이해하지 못한다, 나는 아무것도 할 수 없다, 나는 바다가 무섭고 하늘에 올라갈 수 없다, 나는 내가 무엇이었는지 모르고 무엇이 될지 모른다'라고 말한다면, 그 경우 네가 신과 무슨 상관이 있겠는가?[38]

이것이 단지 한편의 수사학적인 호언장담일까? 아니면 독일인들이 '감정이입'(Einfühlung)이라고 부르는 것의 진지한 수행 ─ 사실상 외적인 신비주의의 수행일까? 저자는 얼스터 소설가 포러스트 리드(Forrest Reid)가 다음과 같이 묘사한 것과 같은 체험을 알았던가? "마치 내 밖에 그리고 주변에 있는 것으로 보였던 모든 것이 갑자기 내 안에 있는 것 같았다. 세계 전체가 내 안에 있는 것 같았다. 내 안에서 나무들이 푸른 가지들을 흔들고, 내 안에서 종달새가 지저귀었으며, 내 안에서 뜨거운 태양이 빛나고, 그늘이 시원했다."[39] 이런 종류의 것을 헤르메스주의자

ἀπειρίαν τῶν πραγμάτων κατείδες καὶ 'τά τ' ἐσσόμενα πρό τ' ἐόντα' [너는 영혼으로 영원까지 올라가서 사물들의 무한함과 '있을 것과 전에 있었던 것'을 바라보았다].

38) *Corp. Herm.*, xi, 20. Cf. xiii, 11: 입문자가 '권능들로부터 얻은 지적인 힘에 의해' 대자연과의 합일의 경험을 성취했다고 주장한다.

가 마음에 둔 것일까? 나는 확실한 답을 모른다. 나는 오직 페스튀지에르가 『헤르메스 전집』에 관한 그의 위대한 저술의 마지막에서 했던 것과 같은 말을 할 수 있다. "역사가는 오직 그에게 말해진 것을 안다. 그는 마음의 비밀을 통찰할 수 없다."[40]

그러나 어쨌든 이 헤르메스 구절을 플로티누스가 지시한 명상과 비교하는 것은 유익하다. 플로티누스는 다음과 같이 말한다.

모든 영혼이 다음을 명상하게 하라. 그 자신이 생명의 원리를 불어넣어 모든 살아 있는 것을 만들었다. 모든 땅이나 바다가 낳은 것, 공중의 모든 피조물과 하늘의 신성한 별들을 자신이 만들었다. 해를 만들었고, 이 거대한 창공이 자신에 의해 만들어졌다. 다름 아닌 자신이 그것을 질서로 치장했고, 다름 아닌 자신이 그것을 정해진 궤도로 돌게 했다. 하지만 영혼은 자신이 치장하고 움직이고 살아 있게 만든 모든 것과 다른 종류이다.[41]

두 구절 모두 모든 생명의 통일에 대한 동일한 감정에 영감을 받았다. 둘 다 무한히 팽창 가능한 자아의 역설을 주장한다. 그러나 헤르메스주의자는 대자연과 그것의 모든 측면에서 자아가 일치되는 것에 만족하지만, 플로티누스는 그것을 대자연 너머의 인과적 힘과 일치시킨

---

39) F. Reid, *Following Darkness*, 1912, p. 42. Zaehner, *Mysticism*, ch. iii에 인용됨.
40) *Révélation*, IV, p. 267.
41) Plot., V, i, 2.1 ff.

다. 이것이 다가 아니다.

헤르메스주의자에게 종국적 성취인 것이 플로티누스에게는 단지 상승의 시작일 뿐이다. 우리는 자연의 관조로부터 '지적인 우주', 모든 사람의 자아 속에 반영된 순수 관계망의 관조로 지나가야 한다.[42] 이 관계망의 심부에서 우리는 '돌고 있는 세계의 고요한 중심', 가장 내적인 자아, 플로티누스에 의해 '하나', '좋음' 또는 때때로 '신'으로 불리는 이름 없는 힘의 원천과 잠재적으로 동일한 것을 발견해야 한다. 플로티누스에게 영혼의 여정은 자아-발견의 여행이다. 그는 "그것은 다른 것이 아니라, 자기 자신에게 이를 것이다"라고 말한다. Panta eiso, '사물들의 총합이 우리 안에 있다'가 그의 모토이다.[43] 만약 우리가 실재를 알고 싶다면, 우리는 오로지 우리 자신 속을 보아야 한다. 다른 말로 그는 내향적 신비주의자의 완전한 유형이다.

플로티누스는 제자 포르피리오스와 함께 신비적 합일을 누렸다는 기록이 많이 전해진, 우리가 다루는 시기의 유일한 사람이다. 포르피리오스에 따르면, 두 사람이 함께 일했던 6년간 네 번, '플로티누스는 명상과 플라톤이 『향연』에서 묘사한 방법에 따라 자신을 첫 번째이자 초월적인 신으로 상승시켰다'. 포르피리오스 자신도 수년 후에 같은 목표를 단 한 번 달성했다.[44] 또한 우리는 플로티누스 자신의 증언을 가지고

---

42) Plot., III, iv, 3.22: ἐσμὲν ἕκαστος κόσμος νοητός [우리는 각자 가지적 우주이다]. 나는 플로티누스에게 이러한 플라톤의 형상들의 세계가 이미 일종의 신비 체험의 대상이라고 말하는 것이 참이라고 생각한다.

43) Plot., VI, ix, 11.38; III, viii, 6.40.

44) Porph., Vit. Plot., 23.7 ff.

있다. 그는 독특한 자서전적 구절에서 '내가 몸으로부터 나 자신으로 깨어나 다른 모든 것 바깥에 있게 되고, 내 안에 들게 되었을 때, 내가 경이로운 아름다움을 보았고, 다른 어느 때보다 상위의 영역에 속한다고 확신했을 때, 내가 실제로 가장 고귀한 형태의 삶을 향유했을 때, 내가 신성과 하나가 되어 신성 안에 나 자신을 안착하게 했을 때'에 대해 말한다.[45] 다른 곳에서 플로티누스는 기억할 만한 산문으로 신비적 합일 자체가 아니라면, 적어도 그것으로 이르는 과정을 묘사했다. 그가 말하길, 우리가 지적이고 도덕적인 자기-훈련을 통해 올바른 성향을 성취할 때, 우리는 부정의 규율을 수행해야 한다. 우리는 세계의 물체적 불투명성을 생각하지 말아야 하고, 시공간적인 지시 틀을 잊어야 하고, 마침내 내적인 관계망조차 생각하지 말아야 한다. 무엇이 남는가? 아무것도 남지 않는 것처럼 보인다. 그러나 아직 현실적으로는 아니지만, 가능적으로 절대자인 의식의 중심이 남는다.[46]

경험의 최종 단계는 의식적인 의지의 행위에 의해 오지 않는다. "우리는 그것이 나타나길 조용히 기다려야 한다"라고 플로티누스는 말한다. "그리고 그것을 바라보도록 우리 자신을 준비해야 한다. 마치 해돋이를 기다리는 눈처럼."[47] 그러나 그때 무엇이 일어날지는 시각적 용어

---

45) Plot., IV, viii, 1.1 ff. 다른 곳에서 그는 '경험을 한 사람들'의 증언에 호소한다(I, vi, 7.2; V, v, 8.25; VI, ix, 9.39).

46) Cf. Plot., VI, viii, 21.25 ff. VI, ix, 6 f. 신비적 합일을 다루는 구절들은 아르누의 책에 수집되어 분석되었다. R. Arnou, *Le Désir de Dieu dans la philosophie de Plotin*, 1921. 통찰력 있는 토론은 H.-C. Puech in *Bulletin de l'Association Guillaume Budé*, 61, 1938, pp. 13~46을 보라. P. Merlan, *Monopsychism, Mysticism, Metaconsciousness: Problems of the Soul in the Neoaristotelian and Neoplatonic Tradition*, 1963은 이 장을 준비하는 데 사용하기에는 내게 너무 늦게 도착했다. 아도의 명석한 짧은 책(*Plotin ou la simplicité du regard*, 1963)도 마찬가지다.

나 어떤 정상적인 인지 행위의 용어로 적절히 묘사될 수 없다.[48] 왜냐하면 주체와 객체의 구분이 사라지기 때문이다. 나는 플로티누스가 시도한 묘사 하나를 인용하겠다.

> 영혼은 자신 안에서 나타나는 신[49]을 갑자기 본다. 왜냐하면 둘 사이에 아무것도 없기 때문이다. 그들은 절대 둘이 아니라, 하나이다. 현전이 지속되는 동안, 너는 그들을 구분할 수 없다. 지상의 애인들이 한 몸이 될 때 모방하는 것이 바로 그 합일이다. 영혼은 더는 몸 안에 있다는 것을, 또는 인간이나 생물, 사물 또는 사물들의 총체 등의 정체성을 가진 존재로 자신을 의식하지 않는다. … 왜냐하면 그것을 바라보는 자는 바라볼 여유가 없다. 이 상태에서는 영혼은 자신의 현 상태를 이 세상 무엇과도 바꾸지 않을 것이다. 설령 모든 창공의 왕권이 주어진다 해도 말이다. 왜냐하면 이것이 좋음이고, 더 나은 것은 없기 때문이다.[50]

이 묘사는 다른 신비주의 사상가들이 많은 다른 시간과 장소에서 기록한 것과 많은 점을 공유한다. 자아로 물러남과 신으로 채워지도록 자아를 비움, 고요함과 수동성의 필요, 개인적 정체감의 소실, 급작스러운 강하고 전적인 만족, 이 경험이 다른 어떤 경험과도 다른 종류의 것

---

47) Plot., V, v, 8.3.
48) Cf. Plot., V, iii, 14.1 ff.; VI, vii, 35.42 ff.
49) 남성 분사 φανέντα가, 플로티누스에게서 자주 그러하듯이 τὸν θεόν[신]을 지시한다고 이해해야 한다. Cf. H.-R. Schwyzer in *Realencyclopädie der classischen Altertumswissenschaft*, XXI, 1, 1951, s.v. Plotinos, col. 515.
50) Plot., VI, vii, 34.12 ff. Cf. VI, ix, 10~11.

이라는 의식과 그에 따라 그것을 전달하는 어려움. 이 모든 것이 고대 인도에서 현대 미국에 이르기까지 거의 동일한 용어로 반복적으로 묘사된다. 내 견해로는 그것은 알아볼 수 있을 정도로 어디에서나 동일한 심리학적 경험이다. 그것에 다른 해설들을 붙인다 해도, 그것이 확증한다고 주장하는 신학들이 상호양립 불가능하다 해도 말이다.

플로티누스의 신비주의에서 (아마도 우리가 독특하게 그리스적인 것이라고 말해야 할) 독특하게 플로티누스적인 것은 경험 그 자체가 아니라 그것에 대한 그의 접근법과 해석이다. 그의 접근법은 엄격하게 지적이며, 몇몇 동방의 종파에서처럼 생리적이지 않고, 몇몇 기독교 신비주의자처럼 성례적이지(sacramental) 않다. 그는 어떤 호흡법이나 배꼽-보기, 또는 성스러운 음절들의 최면적인 반복도 지시하지 않는다. 경험을 불러일으키기 위해 어떤 의례도 필요하지 않다. 그가 종종 권유한 순수하게 정신적 수행에서[51] 그는 신을 알기 위한 세 가지 전통적인 방법에 기댄다. 이것은 이미 알비누스에 의해 한 세기 전에 기록되었다. 부정의 길(아마도 피타고라스주의가 기원일 것이다), 유비의 길(플라톤의 태양과 좋음의 비유에 기초한다), 탁월성의 길(플라톤의 『향연』에 제시된 절대적 아름다움으로의 상승에 기초한다).[52] 만약 우리가 포르피리오스를 믿을 수 있다면, 이 길들 가운데 마지막 길을 통해 플로티누스는 개인적인 합일 경험을 성취했다. 그러나 그의 가르침에서 그는 다른 두 가지도 자유롭게

---

51) 가령, Plot., V, i, 2~3. 첫 구절들은 앞의 111쪽에서 인용함. V, viii, 9 참조.

52) Albinus, *Epitome*, 10, 165,14 ff. Hermann[이 책의 저자는 알비누스가 아니라, 알키노스(Alcinoos)로 밝혀짐]. 내가 편집한 Proclus, *The Elements of Theology*, pp. 312 f. appendix I 참조.

사용했다.[53)]

　내가 다른 곳에서 언급했듯이, 플로티누스는 "분석적 사고 습관은 통합적 사고의 직관들에 치명적이다"[54)]라고 말한 올더스 헉슬리에 동의하지 않을 것이다. 반대로, 분석적 사고 습관은 플로티누스에게 필수적이고 소중한 훈련이다. 그것은 정신이 헉슬리가 '통합적 사고'라고 부르고, 플로티누스가 'noêsis'[정신적 직관]라고 부른 것을 시도하기 전에 훈련해야만 하는 일종의 정화(katharsis) 과정이다. 플로티누스에게, 그의 스승인 플라톤에게도 마찬가지로, 관조자의 훈련은 수학에서 시작하고 변증술로 나아가야 한다.[55)] 신비적 합일은 지적 노력의 대체물이 아니라, 그것의 완성이자 목표이다. 그것은 몇몇 영지주의 종파에서처럼 도덕적 노력의 대체물도 아니다. 그가 말하길, "참된 덕이 없다면, 신에 대한 모든 말은 빈말이다".[56)] 신비적 체험에 이르려는 자는 도덕에서 예술가가 되어야 한다. "그는 그 자신의 상을 조각하는 것을 결코 멈추어서는 안 된다. 넘치는 것을 모두 깎아 내고 굽은 것을 모두 펴야 한다." 그래서 어떤 낯선 것도 순수한 자아와 섞여서 합일을 방해하지 못하도록 말이다.[57)]

---

53) Porph., *Vit. Plot.*, 23.9. 플로티누스는 VI, vii, 36.6에서 세 가지 길을 간략히 언급했다. 그의 최초의 '신비주의적' 논고인 I, vi은 대부분 『향연』 210 A~212 A에 대한 명상이다. 태양의 유비의 예는 I, vii, 1.24 ff; IV, iii, 11을 보라. 부정의 길에 대해서는 VI, ix, 3.36 ff; 6.1 ff. 참조.

54) A. Huxley, *The Perennial Philosophy*, 1946, p. 27. Cf. *The Journal of Roman Studies*, 50, 1960, p. 7.

55) Plot., I, iii, 3. 포르피리오스에 따르면(*Vit. Plot.*, 14.7), 플로티누스는 기하학, 수론, 기계론, 광학, 음악에 관해 저술을 남기진 않았지만 조예가 깊었다.

56) Plot., II, ix, 15.39. 앞의 각주 28) 참조.

57) Plot., I, vi, 9.7 ff. 아마도 플라톤의 『파이드로스』 252 D에서 채용했을 것이다. 하지만 거기에서 논점은 완전히 다르다. '조각상'은 사랑하는 이가 자신의 애인에 대해 가지는 상이다. 니사의 그레고

신비 체험에 대한 그의 해석에서 플로티누스는 정통 기독교의 입장보다는 몇몇 인도의 신비주의자에 더 가깝다.[58] 우선, 신비 체험은 그에게 **자연적** 사건이지, 기독교와 이슬람교의 이론에서처럼 초자연적 은총이 아니다. 그것의 자연적 뿌리는 영혼이 신적인 근원과 잠재적으로 동일하다는 사실과 만물이 그 원천으로 되돌아가려는 경향을 지닌다는 일반적인 법칙이다. 그것은 오직 실현되기만 기다리는 무언가의 실현, 영원한 소여의 순간적인 계시이다.[59] 플로티누스가 말하길, "'하나'는 항상 [우리에게] 현전한다. 왜냐하면 그것은 다름을 담고 있지 않기 때문이다. 그러나 우리는 오직 다름을 우리로부터 없앨 때 [그것에게] 현전한다". 그리고 다음을 덧붙인다. "하나는 우리를 그것의 중심으로 만들기 위해 우리를 향해 욕망하지 않는다. 그러나 우리의 욕망은 그것을 우리

리오스는 플로티누스의 구절을 가깝게 모방했다. *P. G.* 44, 541 D ff.; 1069 B. 그에게는 로고스가 영혼을 그리스도의 모상으로 조각한다.

58) 모든 기독교 신비주의자가 가톨릭 정통이 부과한 경계 속에 자신을 가두진 않았다. 특히, 에크하르트는 이단 혐의에 대항해서 자신을 방어하지 않았을 때는 자주 다음과 같이 플로티누스의 용어와 구분되지 않는 용어로 집필했다. "나는 이전에도 지니고 있었고 여전히 그것을 지니고 있으며, 영원으로부터 내게 주어진 모든 것을 이미 가지고 있다. 왜냐하면 신성이 충만한 신은 그의 이미지, 영혼 안에 영원히 거주하기 때문이다."

59) Cf. Puech in *Bulletin de l'Association Guillaume Budé*, 61, p. 45. 플로티누스는 영혼(psyche)에 자아(ego)가 정상적으로는 의식하지 못하는 감각, 욕망, 성향이 있다는 것을 인지한 최초의 작가이다(V, i, 12.5; IV, viii, 8.9; IV, iv, 4.7). 그리고 그는 신비적 체험을 자아의 의식이 이 무의식적 영역으로 확장된 것으로 간주했다(V, i, 12). 이를 지지하기 위해 근대 정신분석가들을 인용할 수 있다. 프로이트는 자신의 『새로운 정신분석 강의』(*New Introductory Lectures on Psycho-Analysis*, Eng. trans., 1933)에서 다음과 같이 썼다. "신비주의자들의 특정 수행들은 마음의 상이한 영역 사이의 정상적인 관계들을 전복하는 데 성공할 수 있다. 그리하여 예를 들어 감각 체계가 에고의 보다 깊은 층과 이드 내의 관계들을 파악할 수 있다. 이것들은 달리 접근 불가능하다." 그리고 에리히 프롬에 따르면, "한 사람이 조직된 자아(에고)의 한계를 부수고 자신의 배타적이고 단절적인 부분들, 즉 무의식과 접촉하는 과정은 개별성을 부수고 만물과 일체감을 느끼는 종교적 체험과 밀접하게 연결되어 있다"(*Psychoanalysis and Religion*, 1951, p. 101).

의 중심으로 실현하기 위해 그것을 향한다."[60] 이것은 신비적 합일에 대한 플로티누스의 설명에서 두 번째 독특한 특징이다. 그의 체계 내의 모든 상하 관계에서, 욕망은 **상호적이지 않고** 일방적이다.

영혼은 '하나'를 향한 그리움(에로스)을 경험하는데, 하나는 아리스토텔레스의 신처럼 우주의 욕망의 대상으로서 우주를 움직이는 것으로 말해진다.[61] 그러나 하나는 욕망을 경험할 수 없다. 왜냐하면 욕망은 불완전성의 표시이기 때문이다. 피조물 내지 결과는 그것의 원인에 영향을 끼칠 수 없다. 플로티누스가 우리에게 수많은 단어로 확언하는바, 하나는 그것의 산물을 필요로 하지 않고 만약 산물이 **없다** 해도 상관치 않을 것이다.[62] 그는 실로 그것을 에로스라고 부를 수 있다. 하지만 오직

---

60) Plot., VI, ix, 8.33.

61) Cf. Plot., VI, vii, 31.17. 나는 "에로틱 신비주의는 플라톤주의의 일부가 아니다"라는 잉에(W. R. Inge)의 말에 동의하지 않는다. 플로티누스는 많은 기독교 신비주의자처럼 신비적 합일을 묘사하기 위해 에로틱 이미지들을 자유자재로 사용했다. 예를 들어, 여기와 VI, ix, 9.24 ff.를 보라. 그것이 모든 합일 가운데 가장 내밀하고 완전한 것으로 주장되기 때문에 그것을 성적 결합과 비교하는 것은 자연스럽다. 그러나 서양 신비주의에서 '에로틱' 전통은 문학적 원천을 가진다. 플라톤의 『향연』과 (기독교인들에게는) 오리게네스에 의해 해석된 『아가서』가 그렇다. 플로티누스(VI, ix, 9.28)와 오리게네스(*Comm. in Cant.*, *Die Griechischen Christlichen Schriftsteller der ersten Jahrhunderte*, 33, VIII, 1925, 66.29 ff.) 둘 다 이 맥락에서 범속의 아프로디테와 천상의 아프로디테에 대한 플라톤의 구별을 사용했다(*Symp.*, 180 D). 플라톤이 (그리고 플로티누스가) 생각한 인간과 신의 관계는 신약에 함축된 것과 매우 다르다는 것은 사실이다(최근 연구로 W. J. Verdenius, "Plato and Christianity", *Ratio* 5, 1963, pp. 15~32 참조). 그럼에도 기독교의 아가페-신비주의와 플라톤주의의 에로스-신비주의 사이에 날카로운 경계선을 긋는 것은 역사적으로 쉽지 않다. 오리게네스와 니사의 그레고리오스 두 사람 모두에게 아가페와 에로스는 상당히 자주 대체 가능한 용어로 사용된다(J. M. Rist, *Eros and Psyche*, 1964; Daniélou, *Platonism et théologie mystique*, p. 218). 또한 둘 다 『향연』의 에로스에 대한 그들의 관념에 영향을 받았다. Cf. J. Burnaby, *Amor Dei*, 1938, pp. 15 ff.; 암스트롱의 소중한 논문, "Platonic Eros and Christian Agape", *The Downside Review*, 79, 1961, pp. 105 ff.

62) Plot., V, v, 12.40~9. '하나'는 『바가바드 기타』(9.29)에서 크리슈나가 말하듯이 말할 수 있다. "나는 모든 생성된 존재에 무심하다. 나는 아무것도 미워하지 않고, 아무것도 사랑하지 않는다. 그러나 헌신으로 나를 섬기는 자들은 내 안에 머무르고, 나도 그들 안에 머무른다." 마르키온은 첫 번

자기애(amor sui)라는 의미에서 그럴 수 있다.[63]

만약 우리가 플로티누스에게서 '은총'과 같은 것을 말할 수 있다면, 그것은 오직 신성이 모든 인간에게 영원히 현전한다는 의미에서이다. 이 현전은 매우 드물게 소수의 인간에 의해 (타자의 도움 없이) 그들 자신의 노력을 통해 의식적으로 경험될 수 있다. 이것은 분명 우리가 기독교 신학뿐만 아니라 많은 이교 작가에게서 만날 수 있는 개별적인 은총의 활동과 상당히 다르다.[64] 그러나 반복하건대, 이것은 해석의 차이이다. 나는 특정 가톨릭 작가들이 하는 것처럼 그것이 완전히 다른 심리학적 경험이라고 생각할 이유를 가지고 있지 않다. 예를 들어, 제너 교수가 일원론적 신비주의자가 "전적으로 그 자신의 노력으로 해방을 성취하는 데 반해 유신론적 신비주의자의 경우 항상 신이 첫발을 내딛는다"고 나에게 말할 때, 그가 사실상 경험에 대한 신학적 해설을 거꾸로 경험 속으로 넣어 읽는다고 의심할 수밖에 없다.[65]

째 신에 대해 유사한 견해를 가진 것처럼 보인다. 그는 다음과 같이 말한 것으로 믿어진다. "하나의 선한 신, 유일한 제일 원리, 유일한 무명의 힘이 있다. 이 하나의 신이자 유일한 원리는 여기 이 세계에서 일어나는 일들에 관심이 없다"(Epiphanius, *Haer.*, 44.1).

63) Plot., VI, viii, 15.1.

64) 개인에 대한 신적 은총이라는 관념은 모든 이교 송덕문(aretalogies)에 함축되어 있다. 그것은 아일리우스 아레스테이데스와 루키우스의 회심에 대한 아풀레이우스의 설명에 지속해서 나오며, 또한 많은 헤르메스주의자에게서도 나타나고(Festugière, *Révélation*, III, p. 106), 심지어 스토아주의자들에게서도 발견된다(기도에 대한 마르쿠스 아우렐리우스의 글 9.40 참조). 나는 왜 몇몇 기독교 저자가 그 관념이 기독교의 특수성인 것처럼 말하는지 모르겠다.

65) Zaehner, *Mysticism*, p. 192(cf. p. 204). Stace, *Mysticism and Philosophy*, p. 36은 나와 같은 의견을 취한다. Cf. Bevan, *Symbolism and Belief*, pp. 353 f. "누군가 자신이 무언가를 직접 파악한다고 말할 때 대부분은 무언가를 파악하긴 하지만, 그로부터 자신이 파악한다고 생각하는 것을 정확하게 파악한다는 것은 따라 나오지 않는다는 것을 우리는 인지한다. 그는 자신이 실제로 파악한 것을 이미 마음 안에 있는 수많은 관념으로 해석하며, 그 결과 가지게 된 믿음은 하나의 혼합물인데, 그것의 한 구성 요소는 실재의 파악이지만, 거짓 상상 또한 상당 부분 섞여 있다."

여기가 플로티누스의 특징적인 신학의 원천을 검토하거나 그것의 종교적 가치를 평가하는 자리는 아니다. 그는 그것의 권위를 플라톤에 게서 찾을 수 있다고 생각했고, 실제로 그것의 구성 요소들 대부분이, 비록 아직 하나의 정합적인 체계를 이루지는 않았지만 2세기 플라톤주의자들의 저술에 흩어진 채 발견된다고 말하는 것으로 족해야 할 것이다.[66] 나의 현재 목적에 더 밀접한 질문은 플로티누스의 신비적 경험이 고립된 현상, 예외적인 인격-구조의 우연적인 산물인지[67] 또는 내향적 신비주의 경향을 가리키는 요소들이 우리가 다루는 시기에 플로티누스와 독립된 다른 저자들에게서 발견되는가이다. 대답을 구하면서 우리는 신비적 경험이 전부 아니면 전무인 사태가 아니라는 것을 기억해야만 한다. 그것은 강도와 완결성에서 큰 편차를 허용한다.[68] 그렇다면 우선 중기-플라톤주의 사변에서 개인적인 신의 추구에 부여된 새로운 중요성을 지적하는 것이 정당한 것으로 보인다.

유스티누스의 『트뤼포와의 대화』에는 이에 대해 잘 알려진 증언이 있다. 저자는 스토아주의자, 아리스토텔레스주의자 그리고 피타고라스

---

66) *Les Sources de Plotin*의 논문과 토론을 보라.
67) 내가 짐작건대, 프로이트는 우리에게 전해 내려오는 플로티누스의 유년기에 관한 하나의 전기적 세부 사항에 관심을 가졌을 법하다. 그는 여덟 살 때까지 젖을 떼는 것을 거부했다(Porph., *Vit. Plot.*, 3.1 ff.). 젖을 떼는 시기는 상이한 문화마다 크게 다르다(이에 대한 하르더[R. Harder]의 주석을 보라). 그러나 그토록 오랫동안 성장을 거부한 것은 의미심장해 보인다. 그것은 프로이트의 다음 제안과 부합한다. 신비 체험은 무한한 팽창과 실재와의 합일의 느낌과 함께 '자기'(self)와 '타자'(other)가 아직 구분되지 않은 유아적 느낌의 지속을 재현한다. 이 느낌은 "보다 협소하고 보다 선명하게 규정된 성숙한 자아(ego)-느낌과 함께 일종의 상대(counterpart)로서 공존할 수 있다"(*Civilization and its Discontents*, pp. 13 f.).
68) 스테이스가 인용한 주변적인, '반(半)-신비주의적' 경험의 예들을 보라. Stace, *Mysticism and Philosophy*, ch. ii.

주의자에게 신에 대해 배우고자 헛수고한 사람을 묘사한다. 마침내 그는 적어도 신을 바로 앞에서 볼 희망을 주는 어떤 플라톤주의자의 강의를 듣게 된다. 그가 말하길, "왜냐하면 그것이 플라톤 철학의 목적이기 때문이다".[69] 그리고 실제로 유스티누스가 살았던 시기의 플라톤주의자들이 내가 조금 전 언급한 신을 알기 위한 세 가지 길을 상세하게 이론화했고, 이 이론을 이후 중세 기독교 철학이 넘겨받았다. 우리는 그것을 체계적 사상가인 알비누스에게서 만날 뿐만 아니라, 켈수스에게서 다른 용어로 만난다.[70] 그것은 튀로스의 막시무스에 의해 좀 더 대중적인 형식으로 해설된다.[71]

보통 사람에게 '철학'이라는 용어는 점차 신의 추구를 의미하게 되었다. 헤르메스주의적인 『아스클레피오스』의 저자가 표현하듯이, "철학은 오로지 습관적인 관조와 경건한 헌신을 통해 신성에 대한 앎을 배움이다".[72] 그리고 막시무스에게서 우리는 벌써 내향적 관조 훈련의 확립된 전통처럼 보이는 것을 본다. 우리는 "우리의 귀를 닫고 시각과 다른

---

69) Justin, *Dial.*, 2.3~6. 우리가 다루는 시대의 이교 의식과 비교 의례들은 비슷하게 개인적 깨달음을 향한 열망을 반영한다. Cf. Nock, *Conversion*, ch. vii.

70) Celsus *apud* Origen, *c. Cels.*, 7.42: ἢ τῇ συνθέσει τῇ ἐπὶ τὰ ἄλλα ἢ ἀναλύσει ἀπ' αὐτῶν ἢ ἀναλογίᾳ[다른 것들의 종합이나 그것들의 분리 또는 유비를 통해]. 여기에서 σύνθεσις[종합]는 via eminentiae에, ἀνάλυσις[분리]는 via negationis에 상응하는 것으로 보인다. Cf. Chadwick *ad loc.*; Festugière, *Révélation*, IV, pp. 119~23. 켈수스는 다른 곳에서 다음과 같이 말한다. "영혼은 지속적으로 신을 향해야만 한다"(8.49).

71) Max. Tyr., 11.9~12. 그는 세 가지 길에 명칭을 부여하지 않았지만, 플라톤의 용어로 묘사했다. Cf. Festugière, *Révélation*, IV, pp. 111~15.

72) *Asclep.*, 12(*Corp. Herm.*, II, 312 Nock-Festugière). 저자는 '철학'은 '성가신 지적 호기심'으로부터 자유로움을 유지해야 한다고 덧붙인다(14). Cf. A. Wlosok, *Laktanz und die philosophische Gnosis*, 1960, pp. 132~6.

감각들을 자기를 향해 안쪽으로 돌려야 한다". 이것이 우리로 하여금 참된 이성과 정열(로고스와 에로스)의 날개 위에서 천공들 너머 평화의 장소로 올라가게 할 것이다. "다른 옷들은 벗어 버려라"라고 막시무스는 말한다. "생각에서 눈의 집착을 몰아내라. 그러면 남아 있는 것에서 니는 네 그리움의 참된 대상을 볼 것이다."[73]

이것은 플로티누스의 표현과 매우 비슷하게 들리지만, 개인적 신비 체험에 기초할 필요는 없다. 페스튀지에르가 올바로 주장했듯이, 그것은 이론적 뿌리를 플라톤의 특정 구절들(물러남에 대한 『파이돈』의 가르침, 『향연』의 상승, 『파이드로스』의 신화, 영혼 안에 점화되는 불꽃을 묘사한 『제7서한』 구절)에 대한 신비적 해석에 두고 있다.

우리는 아마도 누메니우스의 단편에서 좀 더 개인적인 기록을 찾을 수 있을 것이다. 누메니우스는 2세기 피타고라스주의자이며, 그의 작품들은 플로티누스의 학원에서 읽혔고 플로티누스는 그를 표절했다는 혐의를 받기도 했다.[74] 그는 관조자를 높은 곳에서 망망대해를 바라보다가 갑자기 작은 배 하나를 발견한 관찰자에 비유한다. 그가 말하길, "같은 방식으로 감각적 사물들로부터 멀리 물러나서 좋음과의 고독한

---

73) Max. Tyr., 11.10 b, 11 e. 비슷하게 『헤르메스 전집』에서 신에 대한 앎은 자주 감각 경험의 억압과 연결된다. 예를 들어, x, 5: "좋음에 대한 앎은 신적인 침묵이고 모든 감각의 금지이다"; xiii, 7: "육체적 감각 활동을 멈추어라. 그러면 신성의 탄생이 있을 것이다".

74) Porph., *Vit. Plot.*, 14.10; 17.1. 신플라톤주의에 끼친 누메니우스의 영향의 중요성이 이제 점점 더 인정받고 있다. Cf. *Les Sources de Plotin*, pp. 1~24, 33~61; J. C. M. van Winden, *Calcidius on Matter*, 1959, pp. 103~28과 여러 곳; P. Merlan in *Philologus*, 106, 1962, pp. 137~45; J. M. Rist in *Mediaeval Studies*, 24, 1962, pp. 173~7. 그는 오리게네스에게도 영향을 끼쳤다. Cf. Jerome, *Epist.* 70.3 ff. 여기에서 그는 기독교의 원리들을 플라톤, 아리스토텔레스, 누메니우스와 코르누투스로부터 증명했다고 한다.

교제로 들어가야 한다. 거기에는 어떤 인간도 어떤 피조물도, 크건 작건 아무 물체도 없고, 오직 일종의 신적인 황무지가 있다. 이것은 실로 말하거나 묘사할 수 없다. 거기에 좋음의 거처와 쉼터와 영광이 있으며, 좋음 그 자체는 평화와 친함에 머문다. 다스리는 원리가 존재의 파도를 고요히 타고 있다".[75]

　　내가 다른 곳에서 보이려고 시도했듯이,[76] 플로티누스에게 이 주목할 만한 문단의 많은 반향이 있으며, 나는 그가 그것을 신비적 합일의 묘사로 이해했다는 것이 합리적인 가정이라고 생각한다. 우리는 누메니우스가 영혼과 그것의 신적 근원들(archai)과의 '구분 불가능한 동일성'을 주장했다는 것을 안다. 그는 "모호하지 않은 방식으로" 모든 영혼이 어떤 의미에서 "가지계, 신들과 신령들, 좋음 그리고 존재의 모든 우선적인 종류들"을 담고 있다고 주장했다.[77] 이것은 플로티누스적 신비주의의 이론적 기초이다. 그리고 만약 플로티누스가 누메니우스로부터 이론을 넘겨받았다면, 적어도 전자가 후자로부터 실천을 배웠다는 것 또한 가능하다.

　　나는 지나는 결에 플로티누스와 유대교 신비 사상의 흥미로운 연결에 주목하려 한다. 그의 최초 작품 『아름다움에 관하여』에서 플로티누스는 신비적 합일을 위해 영혼이 '옷을 벗는 것'을, '신전의 지성소'로 들어가는 사람이 행해야만 했던 '이전의 옷을 벗는 것'과 비교한다.[78] 주

75) Numenius, fr. 11 Leemans=Eus., *Praep. Ev.*, 11.21.

76) *Les Sources de Plotin*, pp. 17 f.

77) Numenius, test. 34 Leemans=Stob., 1, p. 458.3 Wachsmuth; test. 33=Stob., 1, p. 365.5.

78) Plot., I, vi, 7.4 ff. τὰ ἅγια τῶν ἱερῶν은 '비교제의의 신성한 축제'(매켄나)가 아니라, 신전의 내부 성

석가들은 같은 비교가 필론에게서 나온다는 것을 알아차리지 못했다.[79]

필론은 영혼으로부터 육체적 감정을 벗겨 내는 것에 대해 말하면서 "이것이 대사제가 지성소에 그의 사제복을 입고 들어가지 않는 이유이다. 그는 의견과 상상으로 이루어진 영혼의 튜닉을 빗어 버리고 … 모든 색깔과 소리 없이 들어갈 것이다"라고 말한다.[80] 비록 플로티누스가 유대교에 특수한 용어를 피했지만, 필론과 생각은 같다. 그러나 지금 아무도 플로티누스가 필론을 읽었다고 생각하지 않으며,[81] 그렇게 생각할 필요도 없다.

플로티누스의 직접적 원천의 성격은 클레멘스가 보존한 발렌티누스파 저자의 한 구절에서 암시된다. 거기에서 유대교 대사제의 지성소 입장은 영혼이 가지계로 들어가는 것을 상징한다고 되어 있다. 마치 사제가 의례복을 벗듯이 영혼은 나체가 된다. 저자가 말하길, "인간 존재는 신의 담지자가 되고, 주에 의해 직접 작동하며, 말하자면 그의 육체가 된다".[82] 이 글은 필론을 넘어선다. 대사제의 행위는 이제 결정적으

소이다. 이것은 다음 장의 서두와 VI, ix, 11.17의 표현 "성상들을 (바깥) 신전에 남겨 두고, 성전의 내부로 들어간 사람처럼"에서 분명하다. 후자는 보다 그리스적 이미지로 같은 생각을 표현한다.

79) 퀴몽은 위의 표현이 이시스 숭배를 지시한다고 생각했고(F. Cumont in *Monuments et mémoires de la Fondation Eugène Piot*, 25, 1921, pp. 77 ff.), 앙리는 프로클로스의 빈약한 전거(*In Alc.*, 138.18)를 가지고 『칼데아 신탁』과의 관련성을 제안했으며, 그러한 비교가 플로티누스에서 기원한다고 짐작했다 (P. Henry, *Études plotiniennes. I. Les états du texte de Plotin*, 1938, p. 211, n.).

80) Philo., *Leg. alleg.*, 2.56. Cf. Lev. xvi. 2~4.

81) H. Guyot, *Les Réminiscences de Philon le Juif chez Plotin*, 1906에 제시된 인상적이지 않은 유사점들은 대부분 플라톤과 포세이도니오스의 공통 출처로 설명할 수 있다.

82) Clem., *Exc. ex Theod.*, 27. 클레멘스의 발췌문이 전부 발렌티누스적인 것은 아니지만(어떤 것은 그 자신의 견해를 표현하는 것으로 보인다), 이것은 그렇다고 나는 생각한다. 영혼이 지상의 육체로부터 떨어진 후 '말하자면 권능의 육체'(27.3)가 되거나 '주의 육체'(27.6)가 된다는 흥미로운 이론은 마찬가지로 '물질적인 영혼'을 발췌문 51.2에서 '신적인 영혼의 육체'로 이상하게 묘사한 것(이것은

로 신비 체험의 상징으로 (플로티누스의 경우처럼) 해석된다. 그리고 이 것이 플로티누스의 원천일 수 있다. 그의 논고 『영지주의자들에 반대하 여』는 영지주의와의 최종적인 절연 후에 집필되었는데, 발렌티누스적 인 가르침에 대한 상당한 지식을 보여 준다.[83] 그러나 우리는 또한 누메 니우스를 가능한 중개자로 생각할 수 있다. 누메니우스가 유대교에 특 별한 관심을 가졌다는 것은 잘 입증되었다.[84]

기독교 교회 내에서 신비주의는 어떠한가? 우리가 보았듯 신을 닮 아 가기에 대한 논의가 많은데, 특히 플라톤의 영향이 강한 곳에서 그렇 다. 어떤 저자들은 심지어 여전히 육체 안에 있는 동안의 '신성화'를 말 하기도 한다. 클레멘스는 그리스 비교의식의 언어를 기독교 종교 경험 에 적용하길 좋아한다. 예를 들어, 그는 자주 신의 '바라봄'(epopteia)을 말한다. 대체로 그것으로 무엇을 의미하는지는 밝히지 않지만 말이다.[85]

『섹스투스 금언집』은 우리에게 "신을 보면서 너는 너 자신을 볼 것 이다"라고 말하고, 역으로 "현자의 영혼은 신의 거울"이라고 말한다. 이

일반적으로 발렌티누스적인 것으로 인정된다)에 상응한다. 만약 이러한 사변이 단순히 클레멘스의 개 인적 상상에 불과하다면, 어떻게 플로티누스가 그것을 알게 되었는지를 보기는 어렵다. 그가 기 독교 저자들의 개인적 노트를 참고했을 리는 거의 없기 때문이다.

83) 부예(M.-N. Bouillet)의 번역에 대한 그의 주석을 참조하라(1.491~544). H.-C. Puech in *Les Sources de Plotin*, pp. 162 f., p. 174 그리고 (플로티누스와 영지주의자들의 관계에 대해서는) pp. 183 f.를 참조 하라. 발렌티누스주의의 신비주의적 경향은 최근 출판된 『진리의 복음』에 분명하게 나타난다. 거기 에서 저자가 말하길, "[큰] 하나를 통해 각각의 [작은] 하나는 자기 자신을 찾을 것이다. 영지를 통 해 그는 하나를 위해 여럿을 씻어 낼 것이고, 빛처럼 그 안에 물질을 사로잡을 것이고, 빛으로 어 둠을 그리고 생명으로 죽음을 사로잡을 것이다"(p. 25.10 ff. Malinine-Puech-Quispel).

84) Cf. *Les Sources de Plotin*, pp. 5 f.

85) *Strom.* 7. 11에서 클레멘스는 접견(ἐποπτεία)을 '영지적 영혼에게 열려 있는 최고의 발전'이라고 말 하지만, 1.28에서는 그것을 단지 신학 또는 형이상학과 동일시한다. 다른 구절들에 대해서는 *A Patristic Greek Lexicon*, fasc. 3, 1964, s.v. ἐποπτεία를 보라.

러한 말하기 방식은 두 가지 원천을 가진다. 하나는 플라톤에게 귀속된 『알키비아데스 1』이고 다른 것은 성 바울의 『고린도후서』이다.[86] 그러나 [기독교에서도] 이교도 저자들에게서 우리가 관찰한 광의의 신비주의를 향한 동일한 일반적 경향이 있지만, 내 독서의 한계 내에서는 이 시기의 어느 기독교 저자한테서도 이 생에서 **신비적 합일**이 가능하다는 명시적 언급을 한 번도 발견하지 못했다.

때때로 오리게네스는 예외로 주장되곤 한다. 그러나 이 견해의 주요 지지자인 푈커가 보여 줄 수 있는 최선은 오리게네스가 때때로 신비적 합일에 적용될 수 있고 나중에 다른 이들에 의해 적용된 용어들을 사용한다는 것이다.[87] 푈커가 신비적 합일의 **묘사**라고 주장한 오리게네스의 유일한 구절은 오리게네스가 논의하는 성 바울의 말을 풀어쓴 글에 불과한 것으로 판명된다.[88] 좀 더 인상적인 것은 『원리론』에서 그가 다음과 같은 상태를 그리는 구절이다. "정신은 더 이상 신 옆에 있는 것 또는 신과 다른 어떤 것도 의식하지 못할 것이고, 신을 생각하고, 신을 보고 신을 잡을 것이며, 신은 그 모든 운동의 척도가 될 것이다." 그러나 이것은 성 요한의 복음 한 구절에 기초해서 완성된 최종 작품이다. 또한 그것은 다음과 같은 경고를 동반한다. 그러한 지복은 심지어 죽음 이후에도 **육화된**(embodied) 영혼이 기대해서는 안 되며, 죽음 전에는 훨씬 더

---

86) Sext., *Sent.*, 446(cf. 577), 450. 원천들은 (Plato), *Alc. i*, 133 C. 여기에서 신은 사람이 자기의 참된 자아를 보는 거울이다. 2 Cor. iii. 18에서의 의미는 논쟁의 대상이다(cf. Kirk, *Vision*, pp. 102~4).

87) Völker, *Das Vollkommenheitsideal des Origenes*, pp. 117~44. 반론으로 Puech, *Revue d'Histoire et de Philosophie religieuses*를 보라.

88) Völker, *op. cit.*, p. 124.

그렇다는 것이다.[89] 이것은 다니엘루 신부가 말하듯이 '신비 체험의 묘사라기보다는 사변적 이론'으로 보인다.[90]

그러나 최근 쿠르젤은 기독교 신비주의의 언어를 그처럼 많이 사용한 저자가 스스로 어느 정도는 실천하는 신비주의자라는 것이 그럴법하지 않은지를 물었다.[91] 그는 오리게네스가 자신의 경험들에 대해 말하는 몇 군데 중에서 다음을 강조한다. 그는 『아가서』에 대한 설교에서 말한다. "자주, 신은 나의 증인인데, 나는 신랑이 내게 다가와서 가능한 한 나와 함께 있음을 느꼈다. 그리고 나서 그는 갑자기 사라졌고 나는 내가 구하던 것을 찾을 수 없었다."[92] 그는 이 기대와 실망이 어떤 경우에는 여러 번 일어났다고 덧붙인다. 이 증거에 입각하자면, 오리게네스는 아마도 **실패한**(manqué) 신비주의자로 분류되어야 할 것이다. 확실히 그는 신비적 합일 관념을 소유했으며, 그것에 높은 가치를 부여했다. 그렇게 그는 니사의 그레고리오스의 길을 준비했다. 후자는 그에게 강한 영향을 받았고, 대체로 최초의 기독교 신비주의자로 불린다.

나는 여기에서 그레고리오스의 신비주의에 대해 많은 것을 말할 수 없다. 그는 어쨌든 우리가 다루는 시기의 경계 밖에 놓여 있다. 그러나 나는 그가 플로티누스에게 진 빚에 관해 문제를 제기하고 싶다. 이것은 결코 충분히 검토되지 않았지만, 사고뿐만 아니라 용어 선택에서 보

---

89) Origen, *De princ.*, 3.6.1~3: cf. John xvii, 21.

90) Daniélou, *Origen*, p. 297.

91) H. Crouzel, *Origène et la «connaissance mystique»*, 1961, p. 530.

92) Origen, *Hom. in Cant.*, 1.7(*Die Griechischen Christlichen Schriftsteller der ersten Jahrhunderte*, 33, VIII, 39.16). 오리게네스가 최초로 『아가서』의 '신부'를 개인적 영혼과 동일시했다는 것은 중요할 수 있다. 이전의 기독교 주석가들은 신부를 교회와 동일시했다.

이는 유사성을 보건대 나에게는 적어도 그가 플로티누스의 보다 대중적인 논고를 한두 편 읽었다는 것이 꽤 확실해 보인다. 예를 들어, 그는 플로티누스처럼 영혼이 **본성적으로** 신과 결합되어 있다고 주장하고, 그것의 타락한 상태를 진창으로 뒤덮인 사람의 상태에 비교한다. 이 신창은 그 사람이 자신의 본성적 상태로 되돌아갈 수 있기 전에 씻어 내야 하는 것이다. 그러나 플로티누스가 "그의 임무는 예전의 그가 되는 것이다"라고 말한 곳에 그레고리오스는 말없이 수정을 가한다. 그는 되돌아감이 '우리의 임무'가 아니라, 신의 것이라는 주장을 고수한다.[93] 이처럼 은총의 개입을 주장하는 것은 그레고리오스의 신비주의를 플로티누스의 그것으로부터 구별해 주는 주요 특징으로 보인다. 신비적 합일에 대한 그들의 설명에서 두 저자는 매우 가깝게 동의한다. 그리고 나는 이 언어상의 동의가 "완전히 다른 실재를 감춘다"는 다니엘루의 주장은 받아들이기 어렵다고 본다.[94] 플로티누스처럼 그레고리오스는 그것을 육체로부터 깨어남 또는 전망대로 올라감으로 묘사한다. 플로티누스의 경

---

93) Greg. Nyss., *P.G.* 46, 372 BC: cf. Plot., I, vi, 5.43 ff. 이 대중적 논고의 명백한 반향이 특히 그레고리오스에게서 자주 발견된다. 가령, Greg., *P.G.* 44, 541 D 이하는 사고와 언어에서 Plot., I, vi, 9.8 이하와 매우 가깝다. Cf. 46, 364 C와 1.20; 44, 428 C, 1145 AB와 8, 16 ff.; 46, 173 D와 9.29 ff. 같은 논고가 바실레우스에 의해(Henry, *Études plotiniennes. I. Les états du texte de Plotin*, p. 175), 직접이든 그리스 매개를 통해서든 암브로시우스에 의해(P. Courcelle in *Revue de philologie, de littérature et d'histoire anciennes*, 76, 1950, pp. 29 ff.; W. Theiler in *Gnomon* 25, 1953, pp. 113 ff.) 그리고 아우구스티누스에 의해 사용되었다.

94) Daniélou, *Platonisme et théologie mystique*, p. 233. 그레고리오스의 사고는 그의 언어와 달리 "순전히 기독교적이다"라는 그의 주장은 처니스의 다음 주장과 대조될 수 있다. "그가 피할 수 없었던 소수의 정통 교리를 제외하고, 그는 플라톤의 가르침에 단지 기독교적 명칭들을 적용했고 그것을 기독교 신학이라 불렀다"(H. F. Cherniss, *The Platonism of Gregory of Nyssa*, 1930, p. 62). 분명 두 판단 모두 다소 극단적이다.

우처럼 그것은 보는 것이라기보다는 오히려 신적 현전의 의식이다. 플로티누스의 경우처럼 영혼은 단순하고 통일적으로 되며, 빛의 성질을 띠며, 그것이 파악하는 대상과 같아진다.[95] 나는 그레고리오스가 플로티누스와 동일한 경험을 했다고 생각한다. 그러나 나는 그가 플로티누스가 그것에 관해 말한 것 또한 알았으며, 묘사를 위해 사용한 어휘를 받아들였다고 생각한다. 그만큼 그리고 그러한 의미에서 기독교 신비주의는 이교적 원천에서 솟아난 것이다.[96]

요컨대, 우리가 다루는 시기 안에서 오직 플로티누스와 포르피리오스만이 엄밀한 의미에서 신비주의를 실천한 것으로 알려져 있다. 그러나 신비 체험은 정도 차를 허용하며, 플로티누스의 신비주의는 고립된 현상이 아니다. 내향적 신비주의의 **이론적** 경향이 2세기 철학에 강한 흔적을 남겼고, 적어도 누메니우스의 경우 실제 경험을 암시하는 방식으로 표현되었다. 우리는 또한 외향적 신비주의를 닮은 것이 영지주의와 헤르메스주의 문헌에 나타났다는 것을 보았다. 그리고 만약 우리가 신과 신성 사이의 심리적 다리를 놓으려는 **임의**의 시도를 넓은 의미에서 '신비주의적인 것'으로 받아들인다면, 신비주의는 마르쿠스 아우렐리우스에서 힘을 키워 플로티누스에 이르기까지 그리고 유스티누스로부

---

95) 육체로부터 깨어남: Plot., IV, viii, 1.1; Greg. 44, 996 A~D. σκοπιά[전망대]: Plot., IV, iv, 5.10; Greg., 44, 453 A(cf. Numenius, fr. 11, 앞의 123쪽에서 인용함, Plato, *Rep.*, 445 C). 신적 현전: Plot., VI, ix, 8.33 etc.; Greg., 44, 1001 BC. ἁπλωσις[단순화, 개방]: Plot., VI, ix, 11.23; Greg., 46, 93 C. 빛이 되는 영혼: Plot., I, vi, 9.18 ff.; Greg., 44, 869 A. Cf. Plot., III, viii, 10.5 ff.와 Greg. 44, 1000 AB(신이 마르지 않는 샘과 비교됨); Plot., VI, ix, 8.38와 Greg. 44, 508 B(영혼들이 가무단으로서 지휘자인 신을 바라봄). 나는 두 저자 모두 철저히 아는 누군가의 보다 충실한 연구가 더 많은 유례를 보여 줄 것이라 짐작한다.

96) 초기 기독교 전통에서 신비주의의 이차적인 위치와 그것의 파생적 성격에 관하여 A.-J. Festugière, *L'enfant d'Agrigente*, 1950, pp. 127~48.

터 오리게네스까지 이 시기의 거의 모든 종교 사상에서 유행했다고 말할 수 있다. 놀랄 필요는 없다. 페스튀지에르가 올바르게 말했듯이, "불행과 신비주의는 연결된 사실들이다".[97] 3세기의 세계처럼 그토록 지적으로 가난해지고, 물질적으로 불안정하며, 공포와 증오로 가득 찬 세계로부터 탈출을 약속하는 길은 어떤 길이든지 진지한 마음들을 매료시켜야 했다. 플로티누스와 나란히 많은 이가 "우리의 고향으로 피해 가자"[98]라는 호메로스의 아가멤논의 말에 새로운 의미를 부여했음이 틀림없다. 이 권고가 이 시기 전체의 모토로 성립할 수 있다. 이교와 기독교를 포함한 문화 전체가 종교가 곧 삶인 단계로 이동하고 있었고, 신의 추구가 다른 모든 인간 활동에 그 그림자를 드리우게 되었다.

---

97) A.-J. Festugière, "Cadre de la mystique hellénistique", *Mélanges Goguel*, 1950, p. 84. 루크레티우스의 언급 "multoque in rebus acerbis acrius advertunt animos ad religionem"[그들은 극심한 곤경 속에서도 매우 극진하게 종교에 마음을 썼다](3.53)은 루크레티우스가 염두에 둔 극단적인 종교 숭배에 못지않게 신비주의에도 적용되는 것으로 보인다. W. Nestle in *Neue Jahrbücher für das klassische Altertum*, 49, 1922, pp. 137~57는 고전기 그리스 역사에서 '신비주의적 시기'가 없다는 것을 인정하면서도 넓은 의미에서 '신비주의적'이라고 불릴 수 있는 운동들이 발생한 네 개의 정치·사회적 혼란기를 기록한다. 즉, 기원전 6세기(피타고라스, 오르페우스주의); 펠로폰네소스 전쟁 이후(플라톤); 기원전 1세기(포세이도니오스, 신피타고라스주의); 그리고 3세기(플로티누스). 나는 이러한 유형의 설명이 완전하다고 제안하는 것은 아니지만(1장 각주 5)를 보라), 분명 어느 정도 관련이 있다.

98) Plot., I, vi, 8.16은 그레고리오스의 44, 1145 B와 아우구스티누스의 *Civ. Dei*, 9.17에 반향된다. 이 구절은 『일리아스』(2.140)에서 유래하지만, 플로티누스는 『오뒷세이아』를 염두에 두었다. 그는 오뒷세우스가 키르케와 칼립소로부터 도망친 것을 영혼이 감각적 아름다움으로부터 도망친 것의 한 유형으로 말한다. 이 구절은 로마의 비알레 만초니 근처 3세기 무덤을 장식한 기독교-영지주의 프레스코화 가운데 하나에서 의미심장한 회화적 상관물을 가진다. 그것은 오뒷세우스의 귀향을 영혼이 '자신의 나라'로 되돌아감의 유형으로 묘사하는 것으로 보인다(J. Carcopino, *De Pythagore aux Apôtres*, 1956, pp. 175~211). 플로티누스와 영지주의 화가 모두 아마 피타고라스주의 원천에 의존했을 것이다(Carcopino, *loc. cit.*; F. Buffière, *Les Mythes d'Homère et la pensée grecque*, 1956, pp. 413~18; M. Detienne, *Homère, Hésiode et Pythagore*, 1962, pp. 52~60); 누메니우스가 유사한 방식으로 『오뒷세이아』를 우화로 사용했다(test. 45 Leemans, *apud* Porph., *Ant. nymph.* 34).

4장 이교와 기독교의 대화

> 하나의 여정으로는 그토록 위대한 비밀에 다다를 수 없다.
>
> ─심마코스

지금까지 나는 대부분 이교도와 기독교인에게 ── 적어도 어떤 이교도들과 어떤 기독교인들에게 ── 공통된 태도와 경험을 다루었다. 그러나 나는 내 견해로 우리가 다룬 시기의 이교와 기독교 사이 중요한 차이가 없다는 인상을 남겨서는 안 된다. 이 마지막 장에서 나는 당대 문헌에 나타난 기독교에 관한 이교도적 견해와 이교에 관한 기독교적 견해에 대해 말할 것이다. 이것은 크고 복잡한 주제이며, 완전히 다루기 위해서는 하나의 연속 강의 과정 전체가 필요할 것이다.[1] 따라서 나는 몇 가지

---

1) 대화의 이교적 측면에 관해 표준이 되는 연구는 Labriolle, *Réaction*이다. 이 우수한 책의 유일한 단점은 저자의 강한 기독교적 신념이 가끔 이교 저자들을 약간 부당하게 다룬다는 것이다. 반대쪽 편견은 네스틀레의 논문에서 분명하다. W. Nestle, "Die Haupteinwände des antiken Denkens gegen das Christentum", *Archiv für Religionswissenschaft*, 37, 1941~2, pp. 51~100. 켈수스의 『참된 가르침』(*Alēthēs Logos*)은 오직 오리게네스의 『켈수스에 반대하여』(*Contra Celsum*, ed. P. Koetschau, *Die Griechischen Christlichen Schriftsteller der ersten Jahrhunderte*, 2~3, I~II, 1899; 영어 번역, 귀중한 도입부와 간략한 주석으로는 H. Chadwick, *Origen: Contra Celsum*, 1953)에 실린 광범위한 인용으로 알려져 있다. 켈수스의 『참된 가르침』의 재구성 시도로 R. Bader, *Der Ἀληϑὴς Λόγος des Kelsos*, 1940을 보라. 토론은 다음을 보라. L. Rougier, *Celse*, 1925; Miura-Stange, *Celsus u. Origenes*; C. Andresen, *Logos*

지배적인 주제로 제한해야만 한다. 나는 주제 선택을 위해 교리적 쟁점 보다는 심리학적으로 구분해 주는 선을 이루는 것으로 보이는 느낌의 차이들을 고려했다.

우리는 두 가지 점을 분명히 하면서 시작해야 한다. 우선, 논쟁은 다양한 지적 수준과 사회적 수준에서 이루어졌다. 그것은 오리게네스와 포르피리오스처럼 교양 있는 학자들의 에너지를 끌어들였다. 하지만 그 것은 또한 그리스 도시국가들의 의회 회의실에서, 북아프리카 마을들 의 시장에서, 수많은 조촐한 가정에서 자주 그리고 신랄하게 전개되었 다. 이러한 수준에서 이루어진 대화에 관한 우리의 지식은 안타깝게도 매우 제한적이다. 하지만 그에 대해 우리가 알거나 추측하는 것은 식자 들의 더욱 정교한 대화로부터 구분되어야 한다. 둘째, 논쟁은 정체적인 것이 아니었다. 기독교와 이교 철학 모두 이 시기 내내 지속적인 변화와 발전 과정에 있었으며, 그들 사이의 관계도 그에 따라 변했다. 우리는 그들 관계의 성장에 있어 세 단계를 구분할 수 있다.

첫 단계에서는 이교도도 기독교인도 닫히거나 통일된 체계를 형성 하지 않았다. 그리스 철학은 1세기 이후 플로티누스가 성취할 종합을 향해 더듬어 가고 있었지만, 당시 점점 더 유행하게 된 플라톤주의의 신 봉자들 사이에서조차 합의가 거의 이루어지지 않았다. 기독교인들은,

---

und Nomos, 1955. 포르피리오스의 『기독교인들에 반대하여』(*Adversus Christianos*)의 단편들은 하르 나크가 모았다. A. Harnack in *Abhandlungen der Königlich Preussischen Akademie der Wissenschaft*, Philosophisch-Historische Klasse, 1916, Nr. 1; cf. J. Bidez, *Vie de Porphyre*, 1913, pp. 65~79; J. Geffcken, *Der Ausgang des griechisch-römischen Heidentums*, 1920, pp. 56~77; A. B. Hulen, *Porphyry's Work Against the Christians*, 1933.

켈수스에 따르면 수많은 종파로 갈라져 싸웠고, 기독교인이라는 이름 외에는 공통점을 거의 또는 전혀 가지지 않았다.[2] 이것은 확실히 과장이다. 그러나 아직 권위 있는 기독교 신조나 기독교 성경의 확정된 정전이 없었다는 것은 분명하다. 무라토리 단편*은 보통 180년경으로 거슬러 올라가는데, 『히브리서』를 제외하고 『베드로 묵시록』을 포함한다. 몇몇 로마 교회 성직자는 여전히 『요한복음』을 거부했고, 많은 이가 『요한 묵시록』을 거부했다. 한편, 헤르마스의 글은 오리게네스조차 신적으로 영감을 받은 것으로 간주했고, 매우 다양한 외경 복음과 행전 및 묵시록이 신자들 사이에 유포되었다.[3] 심지어 복음사가들의 원문에 손을 대는 경우도 여전히 있었다. 마르키온은 『누가복음』을 다시 썼다. 알렉산드리아의 클레멘스는 『마가복음』의 비밀판을 알고 있었는데, 그는 그것이 기본적으로는 진짜이지만 영지주의자들이 사악한 목적을 위해 가필했다고 여겼다.[4]

---

2) *apud* Origen, *c. Cels.*, 3.10~12.

* 신약의 정전 목록으로 알려진 것 가운데 가장 오래되었다. 7세기 라틴어 번역본이 전해진다. 밀라노의 암브로시우스 도서관에서 무라토리(L. A. Muratori) 사제가 발견해서 1740년에 발간했다.

3) 『요한복음』의 거부에 대해서는 Epiphanius, *Haer.*, 51.3; 헤르마스의 수용에 대해서는 Iren., *Haer.*, 4.20.2; Origen, *Princ.*, 4.2.4. Cf. Eus., *Hist. Eccl.*, 3.25; A. Harnack, *The Origin of the New Testament*, Eng. trans., 1925. 우리가 다루는 시기의 종반부에 성 요한은 가장 존중받은 복음사가였다는 점도 의미심장하다. 그의 로고스 교리는 철학자들에게 호소력이 있었다. 플로티누스의 제자 아멜리우스는 그것을 승인하며 인용했다(*apud* Eus., *Praep. Ev.*, 11.19.1). 그리고 아우구스티누스가 인용한 한 플라톤주의자는 『요한복음』의 서두를 "황금 글자로 써서 모든 교회의 가장 높은 곳에 읽힐 수 있도록 세워 두어야 한다"고 생각했다(*Civ. Dei*, 10.29).

4) 이것은 최근 발견된 클레멘스의 편지에 적혀 있다. Cf. W. Jaeger, *Early Christianity and Greek Paideia*, 1962, pp. 56 f., p. 132. 켈수스는 몇몇 기독교인이 "복음의 원문을 세 번 또는 네 번 또는 여러 번 반복해서 고치고, 비판에 직면해서 난점들을 부인할 수 있도록 그것의 성격을 바꾼다"고 주장한다(*c. Cels.*, 2.27).

아직까지 정통은 이단과 분명하게 구분되지 않았다. 한쪽에서 다른 쪽으로 미끌어지기가 쉬웠다. 가령, 타티아누스[120~188]는 정통에서 발렌티누스주의로, 테르툴리아누스는 몬타누스주의로 미끌어졌다. 만약 켈수스가 때때로 기독교와 영지주의를 혼동했다면, (오리게네스가 암시하듯이)[5] 그의 혼동은 동시대 많은 기독교인과 공유되었을 가능성이 높다.

이 지점에서 이교와의 대화가 시작된다. '속사도들'(Apostolic Fathers)은 오직 동료 기독교인들을 위해서만 썼다. 이제 '호교론자들'(Apologists)이 자신들의 이념적 게토에서 나와 처음으로 교육받은 이교도들의 세계를 향해 기독교의 정당성을 서술했다. 그들은 이교도들이 개종하길 기대했다기보다는 이 시기 교회가 당했던 간헐적이고 지역적인 박해를 중지하도록 그들을 설득할 수 있길 희망했다.

이교도 지성이 처음으로 기독교를 진지하게 여긴 것 또한 2세기 후반에 이르러서였다. 소(少) 플리니우스에게 단지 피곤한 행정적 골칫거리였던 것이, 루키아노스와 심지어 갈레노스에게 심리학적 호기심에 불과했던 것이, 켈수스에게는 제국의 안정과 안전에 대한 실질적 위협으로 나타났다. 그는 주목할 만한 예지력으로 교회를 국가 안의 잠재적 국가로 보았으며, 교회의 성장이 사회적 결속을 위협하고 이방인들의 유입으로 귀결될 것이라 생각했다.[6] 그는 자신의 견해를 『참된 가르침』이라고 불리는 책에서 표현했다. 이 책의 목적은 기독교의 전파를 견제하

---

5) *c. Cels.*, 5.61 f.; 6.24 ff.

6) *c. Cels.*, 3.55; 8.35. 특히, 8.68~75. Cf. Chadwick, *Origen: Contra Celsum*의 서문, pp. xxi f.

는 동시에 기독교인들이 좀 더 나은 시민이 되길 설득하는 것이다. 그것은 마르쿠스 아우렐리우스 치하, 아마도 178년 무렵에 출판된 것으로 생각된다.[7] 만약 그 시기가 맞는다면, 보아하니 그것은 두 세대 동안 아무런 응답 없이 고지를 지키고 있었다.

둘째 단계는 203년부터 이어진다. 그때 젊은 오리게네스가 알렉산드리아에서 가르치기 시작했고, 248년 또는 그 무렵 노년의 그가 『켈수스에 반대하여』를 출판했다. 이 단계는 제국의 국민에게 불안정과 불행이 증가하는 시기였지만, 교회에는 박해로부터 상대적으로 자유로운 시기이자 꾸준한 수적 증가와 무엇보다도 빠른 지적 발전의 시기였다. 알렉산드리아의 클레멘스는 기독교가 무식한 이들을 위한 종교 이상이 되려면 그리스 철학과 그리스 과학을 받아들일 수 있어야 한다고 느꼈다. 단순한 마음을 지닌 기독교인들은 절대 "마치 아이들이 허수아비를 두려워하듯이 철학을 두려워" 해서는 안 된다.[8] 테르툴리아누스의 격언 "nobis curiositate opus non est post Christum Iesum"[예수 그리스도 이후 우리에게는 호기심이 필요 없습니다][9]은 지성인의 개종을 막는 치명적인 장애로 보였다.

오리게네스는 이교도 철학자 암모니오스 삭카스에게 배웠는데, 후

---

7) 켈수스의 저술 시기는 Chadwick, *Origen: Contra Celsum*의 서문, pp. xxvi ff.을 보라. 하지만 증거가 빈약하다. 켈수스가 유스티누스를 읽고 (비록 그를 언급하진 않았지만) 그에 대한 답으로 자신의 책을 기획했을 가능성이 크다(Andresen, *Logos und Nomos*, pp. 345~72; A.D. Nock in *The Journal of Theological Studies*, N. S. 7, 1956, pp. 316 f.). 켈수스 책의 제목은 '참된 (즉, 전통적인) 신학적 가르침'을 의미하는 것으로 보인다. A. Wifstrand, "Die Wahre Lehre des Kelsos", *Kungliga Humanistiska Vetenskapssamfundet i Lund Årsberättelse*, 1941~1942.

8) Clem., *Strom.*, 6.80; cf. 6.93.

9) Tert., *De praescript. haer.*, p. 9.18 Kroymann. 또한 다음을 참조하라. *De anima*, 1 f.

자는 나중에 플로티누스의 스승이 된다. 오리게네스의 제자들은 철학뿐만 아니라, 수학과 자연과학도 교육받는다. 그의 교육 프로그램은 플라톤의 그것에 기초했으며 본질상 플로티누스의 그것과 다르지 않았다.[10] 그러므로 이교와의 대화는 지적으로 동등한 자들 사이의 대화여야 했다. 실제로 『켈수스에 반대하여』에서 오리게네스는 얼마간의 정당성을 가지고 지적 우월성의 어조를 택했다.[11] 그가 플라톤주의를 광범위하게 인정한 점에 관해서는 나중에 다룰 것이다.

이 시기 이교 쪽에는 이전에 많은 신을 흡수한 것처럼, 기독교인을 기존 체제로 흡수하거나 어쨌든 평화로운 공존을 위해 고려할 만한 조건들을 기술하려는 욕망을 보여 주는 신호들이 있었다. 아마도 그러한 목적을 염두에 두고 모후 율리아 마마이아가 오리게네스를 그녀의 궁전으로 초대했을 것이다. 우리가 듣기로 그녀의 아들 알렉산데르 세베루스[208~235]는 개인 예배당에 아브라함, 오르페우스, 그리스도와 튀아나의 아폴로니오스의 상들을 모셨고, 이 강력한 예언자들 모두에게 동일한 경배를 바쳤다.[12] 그 혼자만이 이러한 태도를 취한 것은 아니다. 같은 시기에 영지주의자 카르포크라테스는 비슷한 포괄적 숭배를 설파

---

10) Eus., *Hist. Eccl.*, 6.18.3 f.; Greg. Thaum., *Paneg. in Origenem*, 15. Cf. Porph., *Vit. Plot.*, 14.

11) 예를 들어, 『켈수스에 반대하여』 2.32에서 오리게네스는 켈수스가 기회를 놓쳤다고 비난한다. 예수의 족보들 사이의 불일치는 "심지어 기독교인들 사이에서도 논의된 문제이고 어떤 이들은 기독교인들을 공격하기 위해 제시했는데", 켈수스가 이를 간과했다는 것이다. "오리게네스는 켈수스보다 훨씬 효과적으로 기독교를 공격할 수 있었다고 느낀다"(Miura-Stange, *Celsus u. Origenes*, p. 137, n. 1). 오리게네스가 켈수스에 반대하기 위해 사용한 이교 철학적 논변들에 대해서는 H. Chadwick in *The Journal of Theological Studies*, 48, 1947, pp. 34~49를 보라.

12) Eus., *Hist. Eccl.*, 6.21.3; Lampridius, *Alex.*, 29. 세베루스 왕조(193~235)는 특별히 기독교를 향한 경향성이 아니라, 동방 종교 일반을 향한 경향성을 가졌다. Cf. Nock, *Conversion*, pp. 128 f.

했고 ― 만약 우리가 에이레나이오스와 아우구스티누스를 믿는다면, 그의 추종자들은 호메로스, 피타고라스, 플라톤, 아리스토텔레스, 그리스도와 성 바울의 상들을 숭배했다.[13] 세라피온이라는 이름의 시리아인이 쓴 시기를 알 수 없는 편지에도 동일한 정신이 드러나 있다. 거기에서 그는 '유대인들의 현명한 왕' 그리스도를 소크라테스와 피타고라스와 나란히 불의한 박해도 불구하고 그 가르침이 살아남은 현자의 모범으로 인용한다.[14]

아마도 같은 시기에 포르피리오스의 초기 작품인 『신탁의 철학에 관하여』에 인용된 헤카테의 두 개의 신탁도 속할 것이다. 그리스도가 신이냐는 질문에 대한 헤카테의 대답은 본질상 다음과 같다. 그리스도는 특출하게 경건한 사람이었지만, 그의 추종자들이 그를 신으로 착각하여 심각한 오류에 빠졌다. 이로부터 포르피리오스는 다음과 같이 결론 내린다. "우리는 그리스도에 대해 나쁘게 말해서는 안 되고, 다만 인류의 광기를 불쌍히 여겨야 한다."[15]

셋째 단계의 분위기는 사뭇 다르다. 그것은 249년 데키우스 박해와 함께 시작한다. 이 박해는 교회로부터 지도자들을 제거함으로써 기독교

---

13) Iren., *Haer.*, 1.25.6; Aug., *Haer.*, 7(*Patrologia Latina*, 42, 1843, p. 27). 영지주의도 마찬가지로 이른바 동방의 현자들의 가르침에 개방적이었다. 영지주의자 프로디코스는 조로아스터의 '비밀의 책들'을 소유했다(Clem., *Strom.*, 1.69.6, cf. Porph., *Vit. Plot.*, 16). 조스트리아노스와 헤르메스 트리스메기스토스의 이름으로 전해진 계시들이 나그-함마디의 영지주의 문헌에 포함되어 있다. 마니는 붓다와 조로아스터를 예수와 마찬가지로 신이 보낸 자신의 선구자로 여긴다(C. Schmidt in *Sitzungsberichte der Preussischen Akademie der Wissenschaften*, 1933, pp. 56 f.).

14) *P. Lond.* 987.

15) Eus., *Dem. Ev.*, 3.7; Aug., *Civ. Dei*, 19.23.2 ff.(=G. Wolff, *Porphyrii de philosophia ex oraculis haurienda librorum reliquiae*, 1856, p. 180 ff.). 『요한복음』에 대한 아멜리우스의 우호적 언급(앞의 각주 3)) 참조.

를 멸절하려는 최초의 체계적 시도였으며, 데키우스의 전사에 의해 중단되지 않았다면 아마도 성공했을 것이다.[16] 이 단계는 디오클레티아누스와 갈레리우스 치하의 대박해로 끝난다. 이 박해는 수없이 많은 변절자를 양산했지만, 강경파 신앙인들을 10년 동안 불법자로 취급했음에도 불구하고 그들을 뒤흔드는 데 실패했다. 그 사이, 250년에서 284년에 이르는 동안 끔찍했던 사회·경제적 조건에 힘입어 교회는 신도 수와 영향력에서 급속히 성장했다.

이 사이에, 아마도 270년 무렵 포르피리오스는 격렬한 그의 책 『기독교인들에 반대하여』를 집필했을 것이다. 이 작품은 이어지는 시기에 많은 모방자를 발견했을 뿐만 아니라, 기독교 측의 많은 응답을 불러일으켰다. 그 책에서 그는 이제 종교적인 심성을 지닌 모든 이교도가 가지게 된 경각심을 표현했다. 그는 기독교를 세계의 가장 후미진 구석들에서 설파되는 가르침으로 언급한다. 그는 어떻게 로마에서 예수 숭배가 아스클레피오스 숭배를 대체하고 있는지를 기록하고, 기독교적 자신감과 기독교적 부유함의 새로운 신호를 기록한다. "그들은 도처에 거대한

---

16) Cf. A. Alföldi in *The Cambridge Ancient History*, XII, 1936, pp. 202 f.; F.C. Burkitt in *Ibid.*, p. 521; W. H. C. Frend in *Past & Present*, 16, 1959, pp. 14~16. 최악의 고대 박해는 물론 히틀러의 유대인 학살에 비해 비교할 수 없을 정도로 덜 가혹했다. 기독교 성직자와 가장 명망 높은 평신도가 희생되었는데, 특수한 상황을 제외하고 "공개적으로 자신의 신앙 고백을 드러내길 고집하지 않은 일반적인 기독교인들이 박해의 희생이 되었을 가능성은 매우 낮다"(G. de Ste. Croix in *Harvard Theological Review*, 47, 1954, p. 104). 우리가 가진 이러한 박해 이면의 동기에 관한 증거는 매우 적다. 어떤 역사가들에 따르면, 그 동기는 주로 또는 심지어 배타적으로 정치적인 것이고, 다른 이들에 따르면 주로 종교적인 것이다. 그러나 그 문제는 간단히 '이것 아니면 저것'이라고 대답할 수 없다. 히틀러의 사례는 우리에게 어떻게 종교적 내지 인종적 광신이 희생양을 찾으려는 것과 같은 순전히 실천적인 동기와 불가분하게 얽혀 있는지를 가르쳐야 했다.

교회를 짓고 있다."[17]

포르피리오스는 기독교 박해를 요구하지 않는다. 사실, 그는 교회의 가르침으로 인해 '비인간적으로 처벌받게 된' 많은 기독교인에 대해 연민을 가지고서 말한다.[18] 그의 후계자들은 덜 세심했다. 히에로클레스는 『진리를 사랑하는 이들』이라는 제목의 논고에서 튀아나의 아폴로니오스를 그리스도의 경쟁자로 드높였다. 그는 대박해를 부추긴 사람 가운데 한 명이기도 하고, 관찰사로서 박해의 실행에 가담했다.[19] 그는 이교 지식인들과 기존 체제와의 연합뿐만 아니라, 신플라톤주의의 종교적 변모를 예시한다(신플라톤주의는 자체적인 성인들과 기적을 행하는 자들을 지닌 종교로 변모했다). 둘 다 기독교의 진격에 대한 방어적 반응이며, 율리아누스 황제의 짧은 통치 동안 좀 더 큰 규모로 예시된다.

이처럼 변화하는 관계는 자연히 논변의 성격에도 모종의 변화를 수반했다. 옛 논변들은 그 힘을 잃어버린 후에도 자주 반복되었다. 민중적 수준의 대화에서 사용된 논변은 올바른 의미에서 '논변'이 아니다. 그것은 주로 욕설로 이루어져 있었다. 우리의 권위자들은 모두, 타키투스에서 오리게네스에 이르기까지, 기독교가 이교 대중에게 불러일으킨 쓰디쓴 적대감을 증언한다. 타키투스가 말하길, 기독교인들은 "그들의

---

17) Porph., *Adv. Christ.*, frs. 13; 80; 76.27. Cf. Eus., *Hist. Eccl.*, 8.1.5; Harnack, *Mission*, II, pp. 85~8. 비문의 증거는 3세기 후반에 이교 의식의 급격한 쇠퇴를 암시한다. Geffcken, *Der Ausgang des griechisch-römischen Heidentums*, pp. 20~5; Frend in *Past & Present*, 16, pp. 20~2.

18) *Adv. Christ.*, fr. 36.9; cf. Bidez, *Vie de Porphyre*, p. 68, n. 1. 이에 반대하여 라브리올은 단편 1.14의 '정당한 처벌'을 지시한다(*Réaction*, p. 286, n. 1). 그러나 우리에게는 이 단편으로 불리는 것(기껏해야 풀어 쓴 글)에서 얼마나 많은 언어가 포르피리오스로 거슬러 올라가는지 말할 수 있는 수단이 없다.

19) 히에로클레스에 대한 증거는 라브리올이 모았다. *Réaction*, pp. 306~10. 그는 『황금 시편』에 대해 주해서를 쓴 후기 신플라톤주의자와 혼동되어서는 안 된다.

악덕 때문에 미움받았다". 그들은 인류의 적으로 여겨졌다. 대화재의 책임이 그들에게 있다는 이야기가 그렇게 쉽게 받아들여진 것은 그 이유이다.[20] 오리게네스는 약간의 자부심을 가지고 다음과 같이 말한다. "그리스도의 사람들이 모든 민족에게, 심지어 세상의 가상 외딴 지역에 거주하는 이들에게도 미움을 받는다."[21]

177년 리옹에서 교회 공동체 전체가 군중에 의해 집에서 끌려 나와 맞아 죽을 뻔했다. 만약 당국이 개입해서 린치를 합법적 고문으로 대체하지 않았다면 말이다. 2세기 지역적 박해의 상당수는 민중의 감정이 박해를 원하지 않는 지방 관찰사들에게 강제한 것이다. 소(少) 플리니우스는 명단이 포함된 익명의 고발장을 마주해야 했다(트라야누스는 아주 적절하게도 그것을 무시하라고 조언했다). 리옹에서는 이교도 노예들이 기독교인 주인들을 맹렬히 비난했다. 데키우스 치하의 조직적 박해에도 알렉산드리아의 군중 폭도가 선행했다.

왜 기독교인들은 그렇게 인기가 없었는가? 증거는 누군가를 차 버리려는 일반화된 욕구(이것은 항상 인정되지 않았지만, 영향력 있는 인간 본성의 요소이다)와 더불어 많은 이유를 가리킨다. 우선, 분명히 그들은 오래전부터 확립된 유대인들의 비인기성을 공유한다. 이교 기록에서 그들은 '그리스도' 한 명의 부추김으로 로마의 거리에서 동료 유대인들과 파

---

20) Tac., *Ann.*, 15.44.3, "per flagitia invisos … haud proinde in crimine incendii quam odio humani generis convicti sunt"[치욕으로 인해 미움을 받았다. … 화재 범죄라기보다는 오히려 인류의 미움에 의해 유죄판결 받았다]. Cf. Tert., *Apol.*, 37, "hostes maluistis vocare generis humani Christianos"[너희는 인류의 적들을 기독교인이라 부르길 선호했다].

21) *Comm. in Matt.*, series 39(vol. iv, p. 269 Lommatzsch). 그러나 그러한 적대감이 보편적이진 않았다. 알렉산드리아에서 대박해 동안 많은 이교도가 경찰로부터 도망치는 기독교인을 숨겨 주었다.

벌 싸움을 했던, 의견을 달리하는 유대교 종파로 처음 등장한 것으로 보인다.[22] 유대인들처럼 그들은 신상이나 신전에 적절한 존중을 표하지 않는 불경한 사람들로 보였다. 그러나 유대인들이 오래된 민족이고, 그래서 종교적 사안에서 조상의 관습을 따르는 권리가 법적으로 보장되어 있었던 반면, 기독교인들은 혼합 국적의 신흥 종파로서 그러한 특권을 주장할 수 없었다.

게다가, 기독교인들은 그 구성원들이 오늘날 집시처럼 개인적 신호를 통해 상호인지하고, 어떤 신비적 내밀성으로 함께 결속된 비밀 사회를 구성하는 것으로 보였다.[23] 미누키우스에서 이교도는 "그들은 은밀한 종자이다"라고 말한다. "그들은 낮의 빛을 피한다."[24] 그들은 닫힌 문 뒤에서 세례받지 않은 자들이 제외되었을 때 무엇을 했는가? 비밀결사들을 향해 항상 느껴 왔던 오랜 어두운 의심이 기독교인들을 향해 쉽게 일어났다. 기원전 186년에 금지된 디오니소스 집회에서처럼 그들이 근친상간적인 광란에 탐닉했고, 카틸리나인들처럼* 의례적인 유아-식인

---

22) Suet., *Claud.*, 25.3. "impulsore Chresto"[선동자 그리스도]라는 말에 표현된 혼동은 당대 경찰 기록을 암시한다. 이후 자료는 분명 더 나은 정보를 가지고 있었을 것이다. Cf. H. Jaune, "Impulsore Chresto", *Mélanges Bidez*, 1934, pp. 531~53.

23) Origen, *c. Cels.*, 1.1; Min. Felix, 9, "occultis se notis et insignibus noscunt et amant mutuo paene antequam noverint … se promisce appellant fratres et sorores"[그들은 비밀스러운 표시와 징표로 서로를 인식하고 거의 서로를 알기도 전에 사랑한다. … 서로를 구별 없이 형제와 자매라고 부른다]. 디오니소스 입문 의례에서 사용된 비밀 신호 참조(Plaut., *Miles*, 1016; Apul., *Apol.*, 56).

24) Min. Felix, 8, "latebrosa et lucifugax natio"[은밀하고 빛을 피하는 종족]. 유사한 이유로 피타고라스 주의자들도 미움받았다. 세네카는 그들을 "invidiosa turbae schola"[미움받은 무리의 학파]라고 부른다(*N. Q.*, 7.32.2).

* 테르툴리아누스(*Apol.*, 9.9)에 따르면, 카틸리나 음모에 참여한 사람들이 혈맹의 의례로 자신들의 팔을 베어 얻은 피를 나누어 마셨다.

(baby-eating)을 행했다고 말해졌다.[25] 이것들이 아마도 타키투스가 염두에 둔 '악덕'(flagitia)이었을 것이다. 플리니우스는 이러한 혐의들을 조사하는 것이 자신의 의무라고 생각했고, 고문의 효력이 생기길 빌었지만 혐의를 입증할 수 없었다고 보고해야만 했다. 그런데도 그러한 혐의들은 마르쿠스 아우렐리우스의 스승인 프론토에 의해 사실로 인용되었고, 180년에 이르기까지 여전히, 심지어 식자층에서도 널리 믿어졌다는 것을 안티오키아의 테오필로스로부터 알 수 있다.[26] 모든 호교론자는 그것들을 거론할 필요가 있다고 생각했고, 오리게네스는 그의 시대에도 여전히 그것들이 사람들로 하여금 기독교인들을 상대하는 것을 방해했다고 말해 준다.[27] 그러나 켈수스와 포르피리오스는 그것들을 무시할 수 있을 만큼의 지각을 가지고 있었다.

기독교 도덕에 대한 잘못된 정보에다가 기독교 정치에 대한 오해가 덧붙었다. 종파의 성스러운 책들이 로마 제국의 급속한 종말과 기독교 신의 지상 통치에 의한 대체를 예언하지 않았는가? 호교론자들은 기

---

25) 디오니소스 제의와 기독교의 소위 '광란'에 대해서는 다음을 보라. M. Gelzer in *Hermes*, 71, 1936, pp. 285~6. 성찬식의 식인 풍습 혐의에 대한 문헌들의 자세한 검토로는 다음을 보라. F. J. Dölger, *Jahrbuch für Antike und Christentum*, IV, 1934, pp. 188~228. 기독교인들이 신의 살을 먹고 피를 마신다는 소문이 그러한 혐의를 지지하는 데 뒷받침했을 것이다. 그런데 기독교인들 스스로 카르포크라테스주의자들(Iren., *Haer.*, 1.20.2; Clem., *Strom.*, 3.10.1)과 몬타누스주의자들을 향해(Epiphanius, *Haer.*, 48.14.5; Aug., *Haer.*, 26) 유사한 비난을 하는 데 주저하지 않았다. 유스티누스는 다양한 영지주의 종파에 대해 그러한 이야기들을 들었지만, 그로서는 그것들이 진실이라고 주장하지 않았다(*Apol. i*, 26.7). 그는 악령들이 기독교의 평판을 떨어뜨릴 목적으로 기독교인들을 향한 비방들을 퍼뜨렸다고 생각한다(*Ibid.*, 10.6).

26) Min. Felix, 9(cf. 31); Theophilus, *Ad Autol.*, 3.4. 178년 리옹의 순교자 재판에서 이러한 혐의들이 노예들의 증언에 의해 지지되었고, 고문하에 인정받았다(Eus., *Hist. Eccl.*, 5.1.14).

27) Origen, *c. Cels.*, 6.27.

대했던 왕국이 순수하게 정신적이었다고 설명할 법하지만,[28] 그들을 믿을 수 있었을까? 기독교인들은 충성스러운 시민처럼 행동하지 않았다. 보통의 이교도에게는 기독교인이 황제의 생일에 몇 개의 향을 태우는 것을 거부하는 것이 고의적이고 무례한 불충의 표현으로, 마치 국가가 연주될 때 일어서길 거부하는 것처럼 보였을 것이다. 호교론자들은 그들이 국가적 상징에 대한 무시를 의도한 것이 아니라고 설명하려고 했다. 그들은 황제를 위해 기도하고, 그를 신 다음의 제2인자로 인정하는 것에 상당히 만족했다고 말이다.[29] 그러나 그러한 설명은 대중에게도 그리고 법에도 불충분했다.

현대의 학생에게 이것은 약간의 선의로 지각 있는 타협이 이루어질 수 있었던 사안으로 보일 수 있다. 그러나 이 사안에 있어 기독교인들은 '불굴의 고집'을 보였고, 플리니우스는 이것을 그들의 가장 공격적인 특징으로 여겼다. 물론 기독교의 대변자들은 심지어 이교 제의에 대한 가장 형식적인 양보마저, 기독교가 다른 동방 종교들처럼 모든 것을 삼키는 그리스-로마 이교주의의 위장으로 들어가 소화되는 결과를 가져올 것이라고 느꼈다.[30] 이런 이유로 켈수스는 그들에게 "인류의 나머지로부터 담을 쌓았다"고 비난했다.[31]

---

28) 가령, Justin, *Apol. i*, 11.1: "우리가 왕국을 기대한다고 들으면, 너는 성급하게도 그것이 인간적 의미에서 왕국이어야만 한다고 결론 내린다."

29) Tert., *Apol.*, 30; 39. Cf. Harnack, *Mission*, I, pp. 295~8; Nock, *Conversion*, pp. 227~9; N. H. Baynes in *The Cambridge Ancient History*, XII, 1936, pp. 657~9.

30) Cf. A. D. Nock in *Harvard Theological Review*, 25, 1932, pp. 354 f. 영지주의자들은 일반적으로 좀 더 순응적이었고 그 결과 상대적으로 박해받지 않은 것으로 보인다. W. H. C. Frend, "The Gnostic Sects and the Roman Empire", *The Journal of Ecclesiastical History*, 5, 1954, pp. 25~37.

31) Origen, *c. Cels.*, 8.2.

나아가 켈수스는 제국이 이민족으로 인해 심각한 위험에 처할 때 기독교인은 군대에서, 심지어 민간 관청에서조차 종사하길 거부함으로써 시민의 의무를 회피한다고 불평한다. 오리게네스의 대답, 즉 기독교인들은 그들의 기도로써 '전투를 하는 것으로 보이는 사람들보다' 제국을 더 많이 돕는다는 것은 거리의 보통 사람에게 거의 아무런 인상을 주지 못할 것이다. 기독교인들이 자신들의 교회에 봉사함으로써 사회에 봉사한다는 오리게네스의 주장 또한 확신을 심어 주지 못했다.[32]

그러나 이 문제를 다루는 교회의 손길은 추종자들에 의해 강제적으로 움직이게 된다. 기독교인들은 생계를 꾸려야 했다. 오리게네스의 평화주의는 실천할 수 없었고, 기독교인들을 많은 직장, 심지어 교직에서도 제외한 테르툴리아누스의 엄숙주의는 더더욱 실천할 수 없었다. 늦어도 3세기 초반에는 군대에 이미 기독교인들이 있었고, 후반에는 디오클레티아누스가 그들을 숙청해야 할 필요를 느꼈을 만큼이나 많았다.[33] 포르피리오스의 시대에 이르면 애국심 부족은 시대에 뒤떨어진 이야기였고, 분명 막을 내렸다.

더 지속적이고, 덜 합리적이기 때문에 뿌리 뽑기 어려운 관념은 기독교인들이 모든 자연재해에 책임이 있다는 것이었다. 그들의 '무신론'(atheism)이 신들을 화나게 했다는 것이다. 테르툴리아누스는 유명한 글에서 이에 관해 재치 있는 표현을 했다. "만약 티베르강이 도시로 흘

---

32) Origen, *c. Cels.*, 8,68~75. Cf. Tert., *Apol.*, 38,3: "nobis … nec ulla magis res aliena quam publica"[우리에게 … 공적인 것보다 더 낯선 것은 없다]. 능력 있는 사람들의 관심을 국가에 대한 봉사로부터 돌리는 데 대한 교회의 영향은 다음을 참조하라. Momigliano, *Conflict*, pp. 9 f.

33) Cf. Harnack, *Mission*, II, pp. 52~64; Baynes in *The Cambridge Ancient History*, XII, pp. 659 f.

러넘치거나 나일강이 토지로 범람하길 실패한다면, 만약 하늘이 멈추거나 땅이 움직인다면, 만약 기근이 생긴다면, 만약 역병이 돈다면, 첫 번째 반응은 '기독교인들을 사자에게'이다."[34] 3세기 내내, 재난이 많고 구제책이 부적절하거나 전무했을 때, 기독교인들은 압박당한 행정에 편리한 희생양으로 쓰였다. 235년 소아시아에서 발생한 일련의 지진으로 인해 지역적인 박해가 시작됐다. 248년 심지어 인간이 만든 내전으로 인한 재난에 대해서도 어떤 이들은 기독교인들을 비난했다. 270년 무렵 포르피리오스는 로마의 잦은 역병을 아스클레피오스 숭배의 쇠퇴와 연결시켰다. 나중에 막시미누스 다이아는 같은 종류의 혐의들로 박해를 옹호했다.[35] 때로는 비난이 기독교 마법에 가해졌다. 만약 전조를 받는 일에서 뭔가 잘못되면, 기독교인이 몰래 십자가 성호를 그음으로써 의식을 망쳤기 때문이라는 것이다. 아우구스티누스는 "기독교인들 때문에 가뭄이 계속된다"라는 속담을 인용한다.[36]

---

34) Tert., *Apol.*, 40. 무엇보다도 지진이 종교적 공포를 불러일으켰다. Cf. Cic., *De harusp. resp.*, 20 ff. 아일리우스 아리스테이데스의 생생한 직접 묘사로 *Orat.*, 49.38을 보라.

35) Firmilian *apud* Cyprian, *Epist.* 75.10; Origen, *c. Cels.*, 3.15; Porph., *Adv. Christ.*, fr. 80; Maximinus *apud* Eus., *Hist. Eccl.*, 9.7.8 f. 아르노비우스는 우리에게 이러한 고발들의 배후에 신탁-사제들과 점쟁이들이 있었다고 말해 준다. 이들은 기독교의 발전 때문에 생계가 위협받는다고 보았다 (*Adv. nat.*, 1.24). 이것은 그 자체로 그럴 법하고, 희생제물로 바쳐진 동물의 내장을 보고 치는 점 (extispicium)에 대한 락탄티우스의 이야기를 통해 지지된다(다음 각주를 보라). 멜리토는 같은 원리를 적극적인 측면에 적용한다. 그는 마르쿠스 아우렐리우스 치하에 집필하면서 기독교가 제국에 신의 축복을 가져왔다고 주장한다(*apud* Eus., *Hist. Eccl.*, 4.26.7 f.). 이에 반해, 락탄티우스(*Div. Inst.*, 5.2)에 의해 인용된 이교도 팸플릿 저자는 디오클레티아누스의 박해가 신의 축복을 가져올 것이라고 약속한다. 박해를 자극하는 이러한 동기의 실질적 중요성은 다음 연구에서 올바르게 강조되었다. G. de Ste. Croix, "Why Were the Early Christians Persecuted?", *Past & Present*, 26, 1963, pp. 6 ff. 이 소중한 논문은 불행하게도 이 책이 인쇄에 들어갔을 때까지 구할 수 없었다.

36) Lact., *Mort. pers.*, 10; Aug., *Civ. Dei*, 2.3.

기독교에 대한 반감의 (근래 저자들에 의해 자주 강조되지 않지만 분명 덜 중요하지도 않은) 한 가지 다른 근거는 기독교가 가족 생활에 끼친 영향이다. 개인의 **전적인** 충성을 주장하는 모든 신조처럼 — 예를 들어, 오늘날의 공산주의처럼 — 초기 기독교는 불화를 일으키는 *강력한 힘*이었다. 에우세비오스가 말하길, 모든 도시와 모든 가정이 기독교인과 우상숭배자 사이에 벌어진 내전으로 인해 분열되었다. 유스티누스는 이교도 남편에 의해 고발된 기독교인 부인에 관해 이야기하고, 테르툴리아누스는 기독교인이 되었다는 이유로 부인이 버림받거나 아들이 유산을 받지 못하는 경우들에 관해 이야기한다. 자기 아버지와의 관계에 관한 페르페투아의 설명에서 우리는 어떻게 한 가족이 종교적 차이에 의해 해체될 수 있는지 본다.[37) 그러한 상황에서 자연스럽게 비난이 기독교 전도사들을 향했다. 모두 인용하기엔 너무 길지만 이해를 돕는 켈수스의 글에 따르면, 기독교인들이 이교도 아이들을 수중에 넣고 그들에게 아버지와 학교 선생님에게 순종하지 말라고 부추기고 기독교의 비밀집회로 유인한다. 그들은 종종 여성에게도 작업을 건다. 오리게네스는 이런 일이 일어난다는 사실을 부인하지 않는다. 그리고 히에로니모스는 나중에 귀족들의 가정에 기어들어가서 여성의 죄의식을 이용하는 맹신적인 수도승들에 대해 마찬가지로 비우호적인 그림을 그린다.[38) 기

---

37) Eus., *Dem. Ev.*, 8.5; Justin, *Apol. ii*, 2; Tert., *Apol.*, 3; *Passio Perpetuae*, 3; 5; 6. 다른 예들은 Harnack, *Mission*, I, pp. 393~8에 의해 수집되었다.

38) Origen, *c. Cels.*, 3.55; Jerome, *Epist.* 22.28; cf. Tatian, *Orat.*, 33.1. 특정 전도사들의 부도덕한 방법들은 이미 『디모데후서』 3장 6장에서 비난받았고, 이를 히에로니모스가 인용했다. 그러나 기독교인만이 유일하게 이런 종류의 범죄를 저지르는 것은 아니다. Cf. Aristides, *Orat.*, 46 (II, p. 402 Dind.): 특정 소위 '철학자들'(견유주의자들?)도 이 측면에서 '팔레스티나의 불경한 이들'과 비교되었다.

독교는 공산주의처럼 가정의 문제아였다.

그러나 이처럼 엄청난 편견의 무게에 직면했지만, 기독교는 살아남았고 전파되었다. 여기에 우호적으로 작용한 몇 가지 힘에 대해서는 나중에 언급하겠다. 먼저 식자층 수준에서, 상호비방이 소량의 합리적 논변으로 누그러뜨려진 곳에서 이루어진 대화를 고려하는 것이 쉬울 것이다.

논쟁은 무엇에 관한 것이었는가? 그것은 내가 여기에서 언급할 수 있는 것보다 훨씬 더 많은 것에 닿아 있다. 하지만 주요 쟁점은 현대 기독교인이 기대할 법한 것이 아니었다. 우선, 그것은 일신교와 다신교 사이의 논쟁이 아니었다. 켈수스가 오리게네스보다 더 엄격한 일신론자라는 것은 어느 정도 정당성을 지닌 주장으로 제기되었다. 확실히 그는 기독교인들이 다른 이를 최고신과 같은 지위에 놓는 것을 신성모독이라고 판단했다.[39] 그 자신은 사실상 일종의 잔여 다신론을 견지했다. 그는 최고신의 수행원이자 집사인 하위 신들 내지 신령들에게 존경을 표해야 한다고 생각했다.

그런데 오리게네스 역시 신이 '보이지 않는 농부들과 다른 통치자들'을 고용하고, 이들이 '땅의 생산뿐만 아니라, 모든 흐르는 물과 공기'를 통제함으로써 이교의 수목 신들을 대신한다고 믿었다.[40] 또한 그는

---

39) Origen, *c. Cels.*, 8.12, 14; cf. Miura-Stange, *Celsus u. Origenes*, pp. 113~19. 나중에 율리아누스는 순교자 숭배를 가리키면서 기독교인들이 '한 사람만이 아니라, 많은 불쌍한 이들'을 숭배한다고 비난한다(*Adv. Galil.*, 201 E, p. 198 Neumann). 사실상, 오리게네스는 예수를 최고신과 동급에 놓지 않았다. 그의 그리스도론은 '종속주의'(subordinationist)이다(*c. Cels.*, 7.57). 그는 누메니우스의 제2신처럼 그리스도가 무제한적으로 선한 것이 아니라(fr. 28 Leemans), 오직 참여에 의해서만 선하다고 주장했다(*Princ.*, 1.2.13, fr. 6 Koetschau).

거의 모든 기독교인과 마찬가지로 이교 신들의 실재와 권능을 믿었다. 그는 단지 덧셈표를 뺄셈표로 대체했다. 이교 신들은 신들이 아니라, 신령이거나 타락한 천사였다.[41] 오리게네스의 세계에는 엄청난 수의 초자연적인 존재가 거주한다. 개별 민족은, 개인처럼 좋은 천사와 나쁜 천사 모두를 가진다.[42]

포르피리오스의 세계에도 이와 유사한 혼합된 주민들이 있다. 그가 말하길, 기독교인들은 그들을 천사라고 부르고 우리는 신이라고 부르는데, 그들이 최고신성(Godhead)에 가깝기 때문이다. 그런데 왜 이름을 두고 싸워야 하는가? 그는 켈수스처럼 그러한 존재들에게 '선의와 감사의 표시로' 희생제의를 바치는 민중적인 관행을 옹호했지만, 그것은 그의 개인적인 종교를 구성하지 않았다. 그에게 유일한 참된 희생제의는 영

---

40) 켈수스의 견해, *c. Cels.*, 8,25; 오리게네스의 견해, 8.31. Cf. Max. Tyr., 17.5. 두 가지 진리, 즉 "오직 하나의 신(God), 즉 만물의 왕이자 아버지가 있다"는 것과 "많은 신들(gods), 즉 신(God)의 권능에 참여하는 그의 아이들이 있다"는 것이 보편적으로 그리스인들과 이민족들에 의해 수용되었다. 원소들의 신령들에 대해서는 Albinus, *Epitome*, 15를 참조하라.

41) *c. Cels.*, 8.3~5. 동일한 견해(『고린도전서』 10장 20절에 근거함)를 유스티누스와 대부분의 호교론자가 취했다. 그 결과, 악령에 대한 공포가 기독교인들의 심성에 상시적인 불안의 원천이 되었다. 심리학적 효과에서 덜 해로운 대안적 견해는 미누키우스 펠릭스의 것이다. 그는 에우헤메로스를 따라 이교 신들을 단지 신격화된 인간들로 간주했다(*Oct.*, 22 f.). Cf. Nock, *Conversion*, pp. 221~6.

42) Origen, *Hom. in Luc.*, 13(*Die Griechischen Christlichen Schriftsteller der ersten Jahrhunderte*, 35, IX, 1931, 80); *c. Cels.*, 5,25~9. 그는 『신명기』 32장 8절에 나오는 '민족들의 천사들'을 켈수스의 '감독자들'과 동일시했는데, 후자는 플라톤의 『정치가』 271 D에서 유래한다. 개인에게 두 가지 신령, 즉 좋은 신령과 나쁜 신령이 있다는 믿음을 위해 동방의 원천을 가정할 필요는 없다. 이 믿음은 플루타르코스에 의해 견지되었는데(*Tranq. an.*, 15, 474 B), 그는 그것을 지지하기 위해 엠페도클레스(B 122)를 인용했다. 루킬리우스는 그것의 기원으로 메가라의 에우클레이데스를 거명한 것으로 보인다 (Censorinus, *De die natali*, 3.3). Cf. P. Boyancé, *Revue de philologie, de littérature et d'histoire anciennes*, ser. 3, 8, 1934, pp. 189~202. 오리게네스의 천사론은 여전히 살아 있다. 상세하고 완벽하게 신중한 논의로 Daniélou, *Origen*, pp. 220~45를 보라.

혼이 홀로 최고신과 친교를 누리는 것이다.[43]

이 최고신의 본성에 관해서는 이교 플라톤주의자와 기독교 플라톤주의자 사이에 실질적인 의견 차가 없었다. 신은 비물체적이며, 무감동적이고, 불변하며 인간 사고의 극치를 넘어서 있다는 것이 켈수스와 오리게네스의 공통되는 기반이다. 둘 다 세인들의 신인동형설적 개념들을 공격했다.[44] 다른 사람들은 이 신을 다른 이름들로 불렀다. 그러나 이것 또한 이교 사상가들에 따르면 말을 둘러싼 싸움일 뿐이다.[45] 그러한 신이 인간 모습을 취하고 지상의 굴욕을 겪는다는 것은 이교도들에게는 당연히 이해될 수 없었다.[46]

그런데 오리게네스와 호교론자들은 예수를 역사적 인물이라기보

---

43) 천사와 동일시된 신들, 희생제의의 정당화는 *Adv. Christ.*, fr. 76 참조. 그러한 의식은 무해하지만, 소홀할 경우 이롭지 않다. *Ad Marc.*, 18; 포르피리오스의 개인적 종교는 *De abst.*, 2.34, 43; *Ad Marc.*, 11 참조.

44) *c. Cels.*, 6.61~5; 7.38; 7.45; 7.66. 켈수스와 오리게네스는 동일한 플라톤 원문, 특히 『국가』 509 B, 『제2서한』 312 B, 『제7서한』 341 C에 의존한다. 아우구스티누스에 따르면, 그의 시대 대부분의 플라톤주의자들이 '몇 단어와 문장만 바꾸어'(paucis mutatis verbis atque sententiis, *De vera religione*, 23) 기독교로 개종했다고 하는데, 이는 놀랍지 않다. 우리는 하르나크에 귀속된 언급, 즉 4세기에 이르러 기독교와 이교는 '두 개의 신화를 가졌지만, 하나의 신학을 가졌다'는 것을 기억한다.

45) *c. Cels.*, 1.24; 5.41. 아우구스티누스의 친구인 마다우라의 막시무스가 동일한 논점을 지적했다. 우리는 신을 많은 이름으로 부른다. 아무도 진짜 이름을 알지 못하기 때문이다. 그러나 '신은 모든 종교에 공통된 명칭이다'(deus omnibus religionibus commune nomen est, Aug., *Epist.* 16.1). 오리게네스는 특정 이름들의 올바름이 주문과 퇴마에서의 우월한 효과에 의해 입증되었다는 약한 대답으로 물러났다(1.25; 5.45).

46) 켈수스가 말하길, "어떤 신이나 신의 아들도 내려오지 않았거나 내려올 수 없었다"(*c. Cels.*, 5.2). 겉보기에 이것은 놀랍다. 이교도들은 아티스와 아도니스처럼 '죽어 가는 신들'과 올림피아 신들의 현현에 익숙해 있었기 때문이다. 그러나 현현은 순간적이고, 죽어 가는 신들은 처음부터 지하의 신들이다. 그들은 땅에 속하며, 기독교적 의미에서 '강림하지' 않았다. 주신숭배자들의 디오니소스는 일견 근접한 예이지만(알렉산드리아의 클레멘스와 『수난의 그리스도』의 저자가 지각한 것처럼), 이 유사성은 가현설에만 유효하다. 디오니소스는 고통받기 위해서가 아니라, 조롱하고 벌주기 위해 '내려 왔다'. Cf. A. D. Nock in *Gnomon*, 33, 1961, pp. 585~90.

다는 헬레니즘적인 '제2신', 즉 우주의 창조와 통치에 있어 신을 대리하는, 시간을 초월한 로고스로 다룸으로써 대응을 시도했다. 예수의 인간적 자질과 인간적 수난은 특이하게도 이 시기의 기독교 선전에서 거의 아무 역할을 하지 않았다. 그것들은 이교의 비판에 직면하여 당혹스러운 것으로 느껴졌다.[47]

다시금, 이 시기의 논쟁이 기독교적 엄숙주의와 이교적 방종 사이의 논쟁이라고 추정하는 것은 잘못일 것이다. 우리가 다루는 시기의 기독교 윤리와 신플라톤주의 윤리는 쉽게 구별되지 않는다. 우리가 보았듯이, 둘 모두에게 이상적 목적은 '신을 닮아 가기'이다.[48] 둘 다 이 세상을 좀 더 나은 곳으로 만드는 것보다 개별 영혼의 구원에 관심을 가졌다.[49] 그들이 얼마나 많은 실천적 규칙을 공유하는지는 1장에서 언급한 『섹스투스 금언집』의 기독교 판본과 이교 판본을 비교하면 알 수 있다.

켈수스는 기독교 윤리가 진부하다고 보았다. 그것은 '인상적이거

---

47) "우리는 때때로 공관복음들에 묘사된 기독교 중심인물의 독특한 매력이 기독교의 성공을 위한 일차적 요인이었다고 전해 듣는다. 나는 이 생각이 19세기 관념론과 인도주의의 산물이라고 믿는다. 복음에 그려진 측면 중에서 지금 설교 저술들에서 가장 두드러진 것들은 초기 기독교 문학에서는 강조되지 않았다. 모든 강조는 예수가 얻은 인간성이 아니라, 그의 초인간적 자질들에 놓였다. 이 자질들은 예언으로 예비되었고, 기적과 부활, 가르침에 의해 드러났다"(Nock, *Conversion*, p. 210). 이것은 이미 바울 서신에도 적용된다. 불트만이 말하듯이, "그리스도는 개인으로서의 자기 정체성을 잃었다"(R. Bultmann, *Primitive Christianity in Its Contemporary Setting*, Eng. trans., 1956, p. 197).

48) 앞의 101~102쪽을 보라.

49) 포르피리오스는 켈수스와 달리 사회적 내지 정치적 고려에 완전히 무심했던 것으로 보인다. 그가 말하길, "현자는 오직 신만 필요하다"(*Ad Marc.*, 11). 일반적인 기독교 관점에 대해서는 Bultmann, *Primitive Christianity in Its Contemporary Setting*, p. 206을 보라. "원시 기독교는 이 세계를 좀 더 나은 곳으로 만드는 데 상당히 무심했다. 정치적 또는 사회적 개혁을 위한 제안들이 없었다." 그러나 이것은 물론 개인을 향한 실천적인 인간애(φιλανθρωπία)의 실행을 배제하지 않았다(뒤의 167쪽 이하를 보라).

나 새로운 가르침을 포함하고 있지 않다'. [한쪽 뺨을 맞았을 때] 다른 쪽 뺨을 내밀라는 것은 옛것으로, 플라톤에 의해 더 잘 표현되었다. 오리게네스 또한 그것을 부인하지 않았다. 그가 말하길, 차이는 기독교 설교사들은 '대중을 위해 요리하지만', 플라톤은 상류층을 즐겁게 하려고 같은 음식에 양념을 친다는 것이다.[50] 플라톤에 대한 그의 흠모는 켈수스의 그것보다 못하지 않을 것이다. 그러나 플라톤은 오직 식자들에 의해서만 읽혔다. 그가 가끔 암시하는 것에서 보이듯이, 기독교는 다수를 위한 플라톤주의이다.

만약 2세기의 교양 있는 이교도에게 자신의 인생관과 기독교 인생관의 차이를 몇 마디로 표현해 달라고 요청한다면, 그는 로기스모스(logismos)*와 피스티스(pistis)의 차이, 사유를 통한 확신과 맹목적 신앙의 차이라고 대답할 것이다. 그리스 고전 철학으로 길러진 사람에게 피스티스는 인지의 최하 등급을 의미한다. 그것은 사물들에 대해 풍문으로 믿지만, 그 믿음을 설명하지 못하는 무지한 이들의 마음 상태이다.

한편, 성 바울은 유대교 전통에 따라 피스티스를 바로 기독교적 삶의 근거로서 제시했다. 그리고 초기 기독교의 모든 관찰자, 루키아노스, 갈레노스, 켈수스와 마르쿠스 아우렐리우스를 놀라게 한 것은 입증되지 않은 주장에 대한 기독교인들의 전적인 신뢰, 증명될 수 없는 것을 위해

---

50) 기독교 윤리에 대한 켈수스의 견해(c. Cels., 1.4; 7.58~9): 플라톤은 고등교육을 받은 사람들을 제외하고는 무용하다. 6.1~2(에픽테토스가 대중을 위해 더 가치가 있다고 말해진다); 7.61. 십계명에 대한 율리아누스의 견해(Adv. Christ., 152 D, pp. 188 f. Neumann): 만약 우리가 유일신교와 안식일에 관한 규칙들을 제외한다면, 남은 계명들은 만인의 도덕적 법규의 일부를 이룬다.
* 그리스어 'logismos'는 추론적 사고를 뜻한다.

기꺼이 죽으려는 의향이었다.[51] 상대적으로 우호적인 관찰자인 갈레노스에게 기독교인들은 4주덕 가운데 셋을 소유한다. 그들은 용기, 자제와 정의를 보여 준다. 그들에게 결여된 것은 프로네시스, 다른 셋의 이성적 바탕인 지적 통찰이다.[52] 켈수스에게 그들은 학문의 적이다. 그들은 지식이 영혼의 건강에 나쁘다고 말하는데, 사람들에게 의사들을 경계하게 만드는 돌팔이와 같다.[53] 이후 포르피리오스는 '비이성적이고 검토되지 않은 피스티스'에 대해 동일한 항의를 반복한 것으로 보인다. 그리고 율리아누스는 "당신들의 철학에는 '믿으라!'라는 한마디를 넘어서는 것이 전혀 없다"라고 외친다.[54] 그러나 포르피리오스의 시대에 이르자, 그리고 율리아누스의 시대에는 더욱, 상황이 두 가지 방식으로 변해 있었다.

첫째, 우리가 보았듯이 기독교인들은 이제 합리적인 주장을 진술할 준비가 되어 있었다. 아테나고라스는 이미 로기스모스의 필요를 인정했다.[55] 오리게네스는 그리스 철학의 무기고에서 온갖 무기를 빌려서 이교도들의 논점을 하나하나 반박할 준비가 되어 있었다. 단순한 피스티스에 대한 그의 경멸은 켈수스의 그것에 못지않았다. 그가 말하길, "우

---

51) Lucian, *Peregr.*, 13: 기독교의 믿음은 증거에 의해 지지되지 않는다. Galen, *De puls. diff.*, 2.4 (VIII, 579 Kühn): 유대인과 기독교인은 증명되지 않은 규칙에 순종한다. Celsus *apud* Origen, *c. Cels.*, 1.9, 6.11: 어떤 기독교인들은 "묻지 말고 그저 믿어라"라고 말한다. M. Ant., 11.3.2: 기독교인들은 어떤 합리적인 이유로가 아니라, 순전히 반대를 위해서 죽을 준비가 되어 있다(κατὰ ψιλὴν παράταξιν). Cf. Walzer, *Galen*, pp. 48~56.

52) Walzer, *Galen*, p. 15 (이 구절은 오직 아랍어 인용문에 살아남았다), Cf. *Ibid.*, pp. 65~74.

53) *c. Cels.*, 3.75.

54) Porph., *Adv. Christ.*, fr. 1.17 (cf. fr. 73). Julian *apud* Greg. Naz., *Orat.*, 4.102 (*P. G.* 35, p. 637).

55) *Leg.*, 8: 아테나고라스는 τὸν λογισμὸν ἡμῶν τῆς πίστεως [우리의 믿음을 위한 추론]을 생산하겠다고 약속한다.

리는 그것이 다수에게 유용하기 때문에 받아들인다". 그것이 다수를 위해 할 수 있는 최선이다. "왜냐하면 부분적으로는 생계의 필요 때문에, 부분적으로는 인간의 약함으로 인해 매우 소수의 사람만이 합리적 사유에 열광한다." 그리고 그는 정당하게도 이교도들이 항상 순수하게 합리적 근거에서 자신들의 철학을 선택하는 것이 아님을 지적한다.[56]

사실상, 오리게네스와 그의 후계자들이 권위를 이성으로 보충하려고 노력하는 동안, 이교 철학은 점차 이성을 권위로 대체하려는 경향을 보였다. 단지 플라톤의 권위로 대체하는 것이 아니라, 오르페우스의 시, 헤르메스주의적 신지학, 『칼데아 신탁』과 같은 불명료한 계시들로 대체하려고 했다. 플로티누스는 이러한 유형의 계시들에 저항했고, 제자들에게 그것들을 폭로하는 업무를 부과했다.[57] 그러나 플로티누스 이후 신플라톤주의는 철학이기보다는 오히려 종교가 되었고, 그것의 추종자들은 기독교의 추종자들처럼 성스러운 문헌들을 설명하고 화해시키는 데 몰두했다. 그들에게도 피스티스가 기초적 요구가 되었다. 포르피리오스는 그의 생애 마지막에 피스티스를 영혼이 신에 다가가기 위한 첫 번째 조건으로 만들었다. "왜냐하면 우리는 오직 신을 향함에 우리의 구원이 있음을 믿어야(pisteusai) 하기 때문이다. 이 믿음 없이 우리는 진리, 사랑이나 희망을 달성할 수 없다."[58] 같은 종류의 믿음(피스티스)과 진리와 사랑의 연결이 여러 번 프로클로스에게 나타난다.[59] 거기에서 어떤

---

56) c. Cels., 1.9 f. 사람들의 철학 선택이 우연적인 성격을 지닌다는 점은 루키아노스도 지적했다. Lucian, Hermotimus, 15 ff.; Galen, De ord. libr. suor., 1 (XIV, 50 K); cf. Walzer, Galen, p. 19.

57) Porph., Vit. Plot., 16.

58) Porph., Ad Marc., 24.

이들은 의식적인 기독교의 차용을 보았지만, 나로서는 그것을 "우리는 우리가 미워하는 것과 닮는다"라는 오래되고 참된 말의 예시로 간주하길 선호한다. 만약 동등한 수준에서 기독교와 싸워야 했다면, 신플라톤주의는 종교가 되어야만 했다. 그리고 어떤 종교도 믿음(피스티스) 없이 있을 수 없다. 이는 이미 『칼데아 신탁』에서 그리고 몇몇 헤르메스주의 저작에서 요구되었다.[60]

---

59) Procl., *In Alc.*, 51.15 Cr.: πίστις[믿음], ἀλήθεια[진리]와 ἔρως[사랑]는 각각 좋음, 지성, 아름다움에 상응하는 세 개의 창조 원리이다. *In Tim.*, 1.212.21 Diehl: 기도를 가장 잘 사용하기 위해서 우리는 (다른 것들 가운데에서) 다음 셋이 필요하다. πίστιν καὶ ἀλήθειαν καὶ ἔρωτα, ταύτην ἐκείνην τὴν τριάδα, καὶ ἐλπίδα τῶν ἀγαθῶν … ἵνα μόνος τις τῷ θεῷ μόνῳ συνῇ[믿음과 진리와 사랑 — 이것이 저 삼성(三性)이다 — 그리고 좋은 것에 대한 희망이 누군가 홀로 홀로이신 신과 함께하기 위해 필요하다]. *In Parm.*, 927.26 Cousin: πίστις, ἀλήθεια와 ἔρως는 τὰ σῴζοντα τὰς ψυχὰς κατ' ἐπιτηδειότητα τὴν πρὸς ἐκεῖνα τρία συνάπτουσαν[믿음, 진리와 사랑은 영혼을 저 삼성과 결합할 수 있는 적성에 따라 구원한다]. 암스트롱 교수는 최근 "프로클로스의 피스티스는 기독교적 신앙이 아니라, 플라톤주의적인 확고한 합리적 자신감"이라고 말했다(*The Downside Review*, 79, 1961, p. 116, n. 15). 나는 둘 다 아니라고 생각한다. 프로클로스의 직접적인 원천은 『칼데아 신탁』이고(*De orac. Chald.*, p. 26 Kroll), 그곳에서 "πάντα γὰρ ἐν τρισὶ τοῖσδε κυβερνᾶταί τε καὶ ἔστι"[만물은 그 삼성에 의해 다스려지고 존재한다]을 인용했다(*In Alc.*, 52.13). Cf. *Theol. Plat.*, 1.25, p. 62 Portus: "ἡ πρὸς αὐτὸ (sc. τὸ ἀγαθόν) συναφὴ καὶ ἕνωσις ὑπὸ τῶν θεολόγων πίστις ἀποκαλεῖται"[그것(좋음)과 결합 그리고 합일이 신학자들에 의해 믿음이라 불린다](τῶν θεολόγων=*Orac. Chald.*). 포르피리오스가 동일한 원천에 의지했다는 것(타일러가 추측하듯이, W. Theiler, *Entretiens Hardt*, III, 1955, p. 87)은 아마도 덜 확실하다. 포르피리오스의 피스티스는 마음의 상태이지, 우주적 원리가 아니다. 그리고 그는 『칼데아 신탁』처럼 삼성을 언급하지 않고(비록 다른 곳에서는 ἐλπίς[소망]가 언급되지만), 네 가지 성질을 거명한다. 그런데 이러한 추측은 어쨌든 포르피리오스가 『고린도전서』 13장 13절에서 πίστις, ἐλπίς, ἀγάπη[믿음, 소망, 사랑]를 차용했다는 하르나크의 견해나 포르피리오스와 성 바울이 어떤 바울 이전에 소실된 이교도 자료를 공통된 원천으로 가진다는 라이첸슈타인의 견해보다 더 나은 근거를 지닌다. 이러한 추측들에 대해서 P. Corssen in *Sokrates*, 7, 1919, pp. 18~30.

60) 『헤르메스 전집』에서의 피스티스에 대해서는 다음을 참조하라. *Corp. Herm.*, ix, 10: "τὸ γὰρ νοῆσαί ἐστι τὸ πιστεῦσαι … καὶ περινοήσας τὰ πάντα … ἐπίστευσε, καὶ τῇ καλῇ πίστει ἐπανεπαύσατο"[사실, 인식하는 것은 믿는 것이다. … 그는 모든 것을 통찰하면서 … 믿었고, 아름다운 믿음 속에서 안식했다]. 그리고 페스튀지에르가 인용한 구절들을 보라. 플로티누스는 어디에서도 피스티스를 이러한 의미로 사용하지 않았다(VI, ix, 4.32에서 그것은 '일단의 증거'[prima facie evidence]라는 통상적인 아리스토텔레스주의 의미를 지닌다).

초기 호교론자들은 예수의 인성이나 대속 이론에 대해 할 말이 거의 없었다. 대신 그들은 지금의 후계자들이 일반적으로 포기한 두 가지 논증, 즉 기적에서의 논증과 예언에서의 논증에 주로 의지했다. 이 점에서 그들은 물론 신약 성경 저자들의 예를 따랐다. 그러나 기적은 다양한 이교 의식들의 선전에서도 중요한 역할을 했다.[61] 기적에 대한 고대의 논쟁은 주로 신자와 합리주의자 사이의 갈등이 아니라, 두 종류의 신자들 사이의 갈등이었다. 그리고 현대 독자에게 흥미롭게 보이는 것은 우리가 다루는 시기에는 어느 쪽도 다른 쪽의 기적이 허구라고 확언할 준비가 되어 있지 않다는 것이다.

최초의 호교론자인 아테네의 콰드라투스는 예수의 치유 기적들이 이교의 것들보다 우월한데, 그것들이 더 진실되기 때문이 아니라 더 오래 지속되기 때문이라고 주장한다.[62] 초기 기독교인들은 훌륭한 의사처럼 자신들의 경우를 조사한 것으로 보인다. 심지어 오리게네스도 이집트의 안티누스의 사당에서 기적들이 일어났다는 것을 부인하지 않았다. 그는 그것들이 '이집트 마법과 주문'의 도움을 받은 '거기에 터를 잡은 악령'에 기인한 것으로 생각했다.[63] 좀 더 자주 그는 독자에게 대안적인 견해를 제공한다. 아스클레피오스의 치유 기적들과 퓌티아의 영감은 아

---

61) 특히 아스클레피오스, 이시스, 사라피스의 의식들. Nock, *Conversion*, pp. 83~98 참조. 기독교 측에서 기적을 향한 채울 수 없는 욕구가 '초창기 복음들', 다양한 외경적인 사도행전과 순교자 열전 등에 표현된다. 기적은 가장 오래된 기독교 예술에서 사랑받는 주제였다(Lietzmann, *The Founding of the Church Universal*, pp. 144~6).

62) Eus., *Hist. Eccl.*, 4.3.2. 라브리올은 이교 쪽에서 아폴로니오스의 부적의 지속적 효과에 기초한 유사한 논증을 인용했다(*Quaest. et Resp. ad orth.*, 34, ed. A. Harnack, *Texte und Untersuchungen zur Geschichte der altchristlichen Literatur*, XXI, iv, 1901, p. 86).

63) Origen, *c. Cels.*, 3.36. 이러한 기적들에 대해서는 Dio Cassius, 69.11 참조.

마도 진짜가 아닐 테지만, 만약 진짜라면 그것은 악령들에 기인한다.[64] 오리게네스는 신탁에 대해 전적인 회의주의를 채택할 수 없었다. 에우세비오스는 그럴 수 있었는데, 이는 그의 시대에 공적인 신의 대변자들로부터 고문을 통해 불리한 자백을 받아 낼 수 있었기 때문이다.[65]

이교의 입장도 거의 비슷하다. 켈수스에게 신약의 기적들은 '기괴한 이야기들'이다. 그러나 그것들이 진짜라고 하더라도 예수의 신성에 대한 증거는 아니다. 그것들은 이집트 마법사들의 작업처럼 단지 '악한 신령에 의해 사로잡힌 사악한 인간의 행동'이다.[66] 포르피리오스는 기독교인들이 "그들의 마법을 통해 기적을 행했다"는 것을 인정하지만, "기적을 행하는 것이 대단한 일이 아니다"라고 덧붙인다. 아폴로니오스와 아풀레이우스, 무수히 많은 다른 이 또한 기적을 행했다.[67] Non est grande facere signa[기적을 행하는 것은 위대하지 않다]. 모든 이가 마법을 믿었던 세상에[68] 기적은 다반사였고 도덕적으로 의심을 샀다. 그것은

---

64) *c. Cels.*, 3.24~5; 7.3.

65) Eus., *Praep. Ev.*, 4.2.10~12.

66) *c. Cels.*, 1.68. Cf. 1.6: "마법을 통해 예수는 그가 행한 것으로 보이는 것을 행할 수 있었다"; 1.38. 켈수스는 이러한 언급을 한 유대인의 입을 통해 전하는데, 유스티누스에 따르면 실제로 이것이 유대인들이 복음에 나오는 기적들을 설명하는 방식이다(*Dial.*, 69.7). 논쟁적인 글에서는, 그랜트가 관찰하듯이, "너의 마술은 나의 기적이고, 그 역도 성립한다".

67) *Adv. Christ.*, fr. 4. 그러나 다른 곳에서 포르피리오스는 특정 기적들은 거짓 보고로 돌린다. Cf. fr. 49: 가다라의 돼지 사건은 아마도 허구일 것이고, 만약 실제로 일어났다면 도덕적으로 불명예스러운 것이다.

68) 마술에 대한 두려움은 무지한 자들에게만 국한되지 않았다. 플로티누스와 리바니오스처럼 고등교육을 받은 이들도 자신이 마술의 공격 대상이었다고 진지하게 믿었다(cf. P. Merlan in *Isis*, 44, 1953, pp. 341~3; C. Bonner in *Transactions and Proceedings of the American Philological Association*, 63, 1932, pp. 34 ff.). 그리고 기독교인들의 마음에는 이러한 두려움이 악령(이교 신들과 행성의 archontes[통치자들])에 대한 두려움에 의해 심히 강화되었다. 그들에게 마술은 단순히 인간 의지에 의해 다소 중립적인 신령들에 행사된 구속이 아니라, 악한 힘들의 적극적인 지지와 협조를 누렸다. 때문에 콘

대중에게 도움을 줄 수 있겠지만, 그것에 기초한 논변들은 불가피하게 양날을 가졌다.

예언에서의 논변은 유스티누스에게 중요했고, 오리게네스에 의해 반복적으로 촉구되었다.[69] 켈수스는 그에 응답하여 구약 예언들의 모호함과 일반성을 지적한다.[70] 그러나 그의 성경 지식은 제한적이었고, 오리게네스는 그가 중요한 점들을 놓쳤다고 비난할 수 있었다.[71] 포르피리오스는 가공할 만한 적이었다. 그는 그의 시대 최고 학자로서 문헌학적 증거 비평에 익숙했으며, 신약과 구약 모두 철저하게 알았고 오리게네스보다 히브리어에 대한 나은 지식을 갖추고 있었다. 켈수스는 항상 정보에 밝지는 않아서 일반화된 논의로 만족해야 했지만, 포르피리오스는 자신의 주장을 정당화하기 위해 어디서나 성경을 인용했다. 그는 복음사가들의 히브리 예언자들에 대한 잘못된 조회를 비판하고, 다른 복음 서사들 사이의 모순을 지적하며, 성 바울의 비일관성들을 드러내면서 학자로서 즐거움을 누렸다.[72] 그는 학자들의 전형적인 약점도 지니

스탄티우스 2세와 발렌티누스가 마술을 금하는 법을 가차 없이 시행했다. 콘스탄티누스가 명시적으로 관용을 표시한 방어적 내지 '흰' 마술조차 이제 사형에 처하는 범죄가 되었다(cf. A. A. Barb in Momigliano, *Conflict*, pp. 100~25). 그럼에도 마술은 계속해서 행해졌다. "기독교와 이교 마술의 주된 형식적 차이는 명명법의 차이였다"(B. R. Rees in *The Journal of Egyption Archeology*, 36, 1950, p. 88).

69) Cf. Justin, *Apol. i*, 39~53; Origen, *c. Cels.*, 1.34~7, 49~57; 2.28~9; 3.2~4; 7.2~4, 16~20. 유스티누스는 그것을 기독교 진리의 '가장 위대하고 가장 참된 증거'라고 부른다. *Apol. i*, 30.

70) *c. Cels.*, 1.50; 2.28.

71) *c. Cels.*, 1.34, 49; 2.37.

72) 잘못된 조회: *Adv. Christ.*, frs. 9, 10; 모순들: frs. 12, 15, 16; 성 바울의 비일관성: frs. 30~3. 어떤 기독교 저자들은 포르피리오스가 배교자이며, 유년기에 기독교인들에게 맞았고, 개인적인 울분으로 교회를 떠났다고 주장했다(cf. 하르나크의 편집본에서 20, 26 b 그리고 29의 증언들). 하르나크는 그것을 믿었지만, 내게는 포르피리오스의 예외적인 성경 지식에 기초하고, 그의 공격을 사적인 동기 탓으로 돌림으로써 부인하길 시도하는 이야기로 지지된 단순한 추측으로 보인다. 락탄티우스

고 있었다. 그의 어떤 비판들은 현학적이다. 가령, 그는 '갈릴리 바다'가 바다가 아니라 호수이며, 따라서 폭풍이 생길 리가 없다고 불평한다. 다른 비판들은 거칠게도 상상력이 부족하다. 가령, 그는 어떻게 천국이 겨자 씨 한 톨에 비교될 수 있는지 이해할 수 없다고 고백한다.[73] 그는 구약의 역사적 진술들을 검토하기 위해 비블로스의 필론[64~141]을 참고했고, 건전한 역사적 근거에 입각해서 『다니엘서』의 집필 시기를 안티오코스 에피파네스 재위기[기원전 175~164]로 특정한 점에서 근대 학자들을 예견케 한다.[74] 사실상, 그는 우리가 아는 한 역사적 비평 기준을 성경에 적용한 최초의 인물이다.

기독교 쪽에서 가장 인상적인 대화의 성과는 기독교와 플라톤주의의 종합을 산출하기 위해 오리게네스가 『원리론』[75]에서 행한 웅장한 시도이다. 나는 여기에서 이 주목할 만한 책을 제대로 다룰 수 없지만, 간단한 개괄만으로도 오리게네스가 이교적 관점을 인정한 것이 얼마나

는 이와 유사하게 히에로클레스가 이탈한 기독교인이라고 의심했다(*Div. Inst.*, 5.2.12). 포르피리오스 자신도 오리게네스가 이탈한 이교도라고 잘못 추측했다(*Adv. Christ.*, fr. 39).

73) *Adv. Christ.*, frs. 55, 54.

74) *Adv. Christ.*, frs. 41, 43.

75) 편집본: P. Koetschau ed., *Die Griechischen Christlichen Schriftsteller der ersten Jahrhunderte*, 22, V, 1913; 영어 번역: G. W. Butterworth, 1936. 이 오리게네스의 초기 저작은 불행하게도 오직 루피누스(Rufinus)의 라틴어 판본으로만 보존되었다. 루피누스는 몇몇 비정통적인 견해를 '삽입 어구'로 간주해서 제거했음을 인정한다. 그러나 그것의 원래 가르침은 자주 (항상 그렇지는 않지만) 살아남은 희랍어 인용문들로부터 복원될 수 있다. 생애 후기에 오리게네스는 스스로 — 아마도 교회의 압력 아래에서 — 그 책에 표현된 몇 가지 견해를 포기하거나 제한했다. 오리게네스의 개인적 견해와 그의 추종자들 가운데 좀 더 극단적인 몇몇에 의해 표현된 견해 사이 혼동으로 인해 문제가 더욱 복잡하게 되었다. 『원리론』의 가르침은 많이 논의되었다. 최근 연구로 Tresmontant, *La métaphysique du christianisme et la naissance de la philosophie chrétienne*, pp. 395~457; F. Refoulé, *Revue de l'histoire des religions*, 163, 1963, pp. 11~52를 보라.

원대한 영향을 끼쳤는지 보여 줄 수 있다. 그는 단지 (우리가 본 것처럼) 플라톤 신학의 실체뿐만 아니라, 플라톤적인 세계상 또한 넘겨받았다. 우주는 장대한 생물로 로고스에 의해 지탱되고 유지되는데, 로고스는 플라톤의 세계-영혼처럼 기능한다.[76] 그 안에는 별들을 비롯해 다른 생물들이 있는데, 별들은 그 자체로 영혼이 깃들어 있고 특정 인간 영혼들에 장래의 거처를 제공할 수 있다.[77] 우주는 실제로 시작이 있고 끝이 있겠지만, 다른 세계들에 의해 연속될 것이다.[78] 그러므로 부활은 우주사 중 한 일화 정도의 지위로 축소된다. 만물이 자신의 원초적 상태로 되돌아가는 최종적인 복귀(apocatastasis)는 무한히 멀다.

훨씬 더 놀라운 것은 『원리론』의 심리학으로, 거기에서 오리게네스는 성 바울보다 플로티누스에 가깝다. 영혼은 단지 [인간의 탄생] 이후에만 영원한 것이 아니라 이전부터 영원하며, 신적 은총에 의해서만이 아니라 그것의 본질적 본성에 의해 영원하다. 그것은 사실상 창조된 것이지만, 그것의 창조는, 플로티누스에게 있어서처럼 시간 밖에 있다.[79] 모든 영혼은 원래 순수한 정신이었고, 모든 영혼은 종국적으로는 원상태로 복원될 것이다.[80] 그러나 그사이에 그것은 여러 번 올라갔다 떨어져야 한다. 오직 전생에 저지른 과거의 죄를 가정해야 우리가 구원의 경주

---

76) *Princ.*, 2.1.2. "신과 세계에 관해 오리게네스는 그리스인처럼 생각했다"는 포르피리오스의 언급을 참조하라(*Adv. Christ.*, fr. 39.29).

77) *Princ.*, 1.7.2; 2.11.7. Cf. *c. Cels.*, 5.10~11. 별들이 인간 영혼의 가능한 거처라는 견해에 대해서는 *Hom. in Num.*, 28.2.

78) *Princ.*, 2.3.4~5; 3.5.3.

79) *Princ.*, 1.4.3~5. Cf. *Plot.*, IV, iv, 15.16 ff.

80) *Princ.*, 2.8.3.

에서 똑같이 출발할 수 없다는 사실을 신적 정의(正義)와 일관된 방식으로 설명할 수 있다.[81] 인간 영혼은 천사의 지위까지 올라가거나 악마의 지위까지 가라앉을 수 있다. 그리고 오리게네스는 분명 인간 영혼이 동물의 몸 안에 다시 태어날 수 있다는 플라톤의 생각을 만지작거렸다.[82]

환생 사이에 영혼의 운명은 지상에서 살았던 생애에 의존한다. 악한은 정죄를 겪겠지만, 그것이 영원한 것은 아니다. 왜냐하면 신적인 정의는 항상 치료적이지 보복적이지 않기 때문이다. 지옥은 영구적인 불이 아니라, 마음의 상태이다. 그것은 오리게네스가 "응집력이 부족한 영혼의 벌과 고문"이라 불렀던 것을 대표한다.[83] 선한 자는 지상 천국에서 잠시 머무를 것이다. 거기에서 신이 영혼들을 위한 학교를 조직할 것이고, 천사와 같은 선생들이 지상에서 그들을 궁금하게 했던 모든 질문에 대한 답을 가르쳐 줄 것이다.[84] 오리게네스는 영혼들이 결국 치르게 될 시험의 교과목을 제공한다. 시험을 통과한 자들은 더 높은 영역, 즉 상

81) *Princ.*, 2.9.3~5. Cf. *c. Cels.*, 3.38. 여기에서 그는 더는 어느 이론을 확신하지 않고, "문제를 신에게 돌린다". 지상의 삶이 과거에 지은 죄의 벌이라는 견해에 대해서는 플라톤의 『법률』 872 E 참조.

82) *Princ.*, 1.8.4(히에로니모스와 니사의 그레고리오스가 보고한 대로). Momigliano, *Conflict*, pp. 186~8에서 쿠르셀의 주석 참조. 오리게네스는 여기에서 플라톤의 가르침을 문자적으로 수용함에 있어 많은 이교도보다 더 나아갔다. 축생은 플로티누스에 의해 수용되었지만, 포르피리오스(*apud* Aug., *Civ. Dei*, 10.30)와 대부분의 후기 신플라톤주의자, 『칼데아 신탁』(p. 62 Kroll)과 『헤르메스 전집』의 저자(*Corp. Herm.* X, 19)에 의해 거부되었다.

83) 신적 정의가 보복적이지 않다는 견해: *Princ.*, 2.10.6; *Hom. in Ez.*, 12 등. 처벌은 영원하지 않다는 견해: *Princ.*, fr. 25; cf. *c. Cels.*, 5.16. 지옥불은 양심의 은유: *Princ.*, 2.10.4~5(cf. Lucr., 3.978 ff.; Philo, *Congr.*, 57).

84) *Princ.*, 2.11.6. 사후의 진보 관념에 대해 Clem., *Eclog.*, 57.5(*Die Griechischen Christlichen Schriftsteller der ersten Jahrhunderte*, 17, III, 1909, 154.8); Plut., *De facie* 참조. 그러나 누구도 오리게네스처럼 그것을 엄격하게 지성화하지 않았다. 니사의 그레고리오스에게 그것은 영원히 지속되는 신비적 합일에서의 진보였다(*P. G.* 44, 941 A).

급 과정으로 진급한다. 천국은 무한한 대학이다. 그 상태에서 영혼은 우리의 몸보다 섬세한 재료로 이루어진 몸을 제공받을 것이다. 하지만 그들이 영역들을 통해 올라감에 따라 그 몸들을 점차 탈피할 것이다(이교도 플라톤주의자들 또한 그렇게 주장했듯이).[85] 그들의 최종 상태는 아마도 몸이 없는 것일 테다. 성 바울이 말한 '영적 육체'는 오직 임시 타협책일 뿐이다.[86]

신약의 기독교를 이렇게 과감하게 다시 쓰는 것은 유서 깊은 우의적(allegorical) 방법의 천재적인 사용으로 가능했다. 이런 식으로 원문을 비트는 기술은 원래 호메로스 안에서 깊은 진리를 읽는 수단으로 창안되었고 알렉산드리아에서 오랫동안 실행되었다. 유대인들은 그 방법을 구약에 적용했고, 영지주의자들은 신약에 적용했다.[87] 그들로부터 처음

---

85) *Princ.*, 1.4.1(히에로니모스가 보고하듯이); fr. 19. Cf. H. Koch, *Pronoia und Paideusis*, 1932, p. 37. Daniélou, *Origen*, pp. 209~16. '섬세한 몸'에 대한 믿음은 2세기에 널리 퍼져 있었다. 이에 관해 나의 편집본 Proclus, *The Elements of Theology*, appendix II를 보라.

86) *Princ.*, 3.6.1(히에로니모스가 보고하듯이). 이것은 이교적 의견에 대한 중요한 양보였다. 교육받은 사람들에게 육신의 부활보다 더 충격적인 기독교 교리는 없었다. 켈수스는 그것을 "혐오스럽고 불가능하다"라고 했고(*c. Cels.*, 5.14), 플로티누스는 (어디에서도 기독교인들을 거명하지 않지만) "영혼의 참된 깨어남은 몸과 함께 부활하는 것이 아니라, 몸으로부터 참되게 부활하는(ἀνάστασις) 것이다"라고 말했을 때(III, vi, 6.71), 분명 그것을 염두에 두었다. 오리게네스는 그것에 대해 불편하게 느꼈지만, 완전히 거부하지 않았다(*Princ.*, 3.6.4~9). 그러나 몇몇 2세기 기독교인은 그렇게 했다(Celsus, *loc. cit.*; *2 Clem.*, 9.1; Justin, *Dial.*, 80.2). 나중에 시네시오스도 그렇게 했다. 한편, 좀 더 단순한 이들(simpliciores)에게는 그것이 분명 주요 매력이었다. 인간의 이기주의는 다름 아닌 자아의 영구성에 의해 충족되며, 이와 관련해 육신의 부활은 플라톤주의자들이 약속할 수 있는 어떤 무엇보다도 더 확고한 보장을 해주는 것으로 보였다.

87) 헤라클레온은 발렌티누스주의 신학을 위해 『요한복음』에 대한 정교한 우화적 해석을 산출했다. 그리고 바실레이데스는 심지어 바울 서신들에서 영혼의 윤회를 발견하는 데 성공했다(fr. 3 Völker=Origen, *Comm. in Rom.*, 5.1). 유대인의 음식법에 대해서는 『바르나바스의 서신』에서 이미 환상적으로 우의적 해석이 제시되었다. 구약에 대한 우의적 해석은 이교도인 누메니우스에 의해 도입되었다(frs. 19; 32 Leemans=Origen, *c. Cels.*, 4.51). 누메니우스는 아마도 필론에 의존했을 것이다.

에는 클레멘스가, 다음으로 오리게네스가 그것을 넘겨받았다. 사변적인 정신들에게는 그것이 문자의 전횡으로부터 유일하게 가능한 출구를 제공했다. 그것의 가망 없이 비역사적인 성격에도 불구하고, 그것은 그런 식으로 어떤 의미에서는 진보의 도구였다.[88] "유대인과 기독교인 가운데 좀 더 합리적인 이들은 이러한 것들을 우의적으로 해석한다"라고 이미 켈수스가 기록했다. 그는 나중에 포르피리오스가 그랬던 것처럼, 그들이 이 방법을 남용하는 것에 반대했다.[89] 그러나 여기에서 비판자들이 내세우는 근거는 빈약하다. 켈수스와 포르피리오스 둘 다 스스로 호메로스에게서 플라톤주의를 발견하기 위해 동일한 방법을 사용했다.[90] 기독교인과 이교도 모두 학생들이었다. 그들은 고대 문헌의 권위에 도전할 수 없었다. 그들은 문헌에 자신들의 생각을 넣어 읽음으로써만 그 권위를 피할 수 있었다.[91]

오리게네스가 『원리론』을 썼을 때, 기독교의 종말론적 관념은 여전히 유동적이었고 오랫동안 그렇게 남았던 것으로 보인다.[92] 거의 2세기

---

88) Cf. E. de Faye, *Clément d'Alexandrie*, 1898, p. 210.

89) Celsus *apud* Origen, *c. Cels.*, 4.48~51 (cf. 1.17); Porph., *Adv. Christ.*, fr. 39. 오리게네스는 그리스 철학의 가르침을 유대교 신화 속에서 읽어 냈다. 몇몇 근대 신학자가 기독교를 탈신화화하기 바라는 것만큼 오리게네스는 사실상 유대교의 '탈신화화'를 지향했다(*c. Cels.*, 5.42). 그는 다른 수단을 통해서 니사의 그레고리오스가 "성경의 딱딱하고 다루기 어려운 빵"(*Hom. in Cant.*, 7, *P. G.* 44, 925 B)이라고 부른 것을 식자층의 구미에 맞게 만들 수 없었다.

90) *c. Cels.*, 6.42; Porph., *De antro nympharum*. Cf. P. Courcelle in *Revue des Études Anciennes*, 46, 1944, pp. 65~93; Andresen, *Logos und Nomos*, pp. 141~5. 오리게네스는 비슷하게 빈약한 근거로 이교도 신화의 우의적 해석을 거부했다. *c. Cels.*, 3.23.

91) *The Journal of Roman Studies*, 50, pp. 1 f.에서 나의 언급을 참조하라. 만약 프로이트주의자들이 옳다면, 이러한 지적 의존성은 죄책감에 밀접하게 연결되어 있다. 죄책감의 팽배에 대해서는 1장에서 주목했다. 그것들은 동일한 성격의 양면이다.

92) Cf. Marrou in Momigliano, *Conflict*, pp. 145~9.

이후 두 명의 기독교 주교, 시네시오스와 네메시우스는 여전히 영혼의 선(先)-존재에 대한 믿음을 고백했다. 전자는 여전히 육신의 부활과 우주의 종국적인 멸망을 의심했다. 또 거룩한 니사의 그레고리오스조차, 오리게네스 이후 1세기가 지나서도, 모든 영혼이 종국엔 그들 본래의 천국적 상태로 복원될 것이라고 주장하면서 영원한 처벌 관념을 거부할 수 있었다.[93] 외부 관찰자의 눈에는 마지막에 언급한 견해가 교회로 수용되지 못한 것이 중대한 역사적 재앙으로 보일 수 있다. 그러나 성경의 권위는 너무나 강력했다. 300년 동안의 논쟁 이후 거의 모든 오리게네스의 혁신안들은 543년 유스티니아누스의 칙령에 의해 이단으로 선고받았다. 서구 기독교의 미래 모습을 결정한 것은 오리게네스가 아니라 아우구스티누스였다.

닐슨은 교회가 후기 이교의 미신뿐만 아니라, '고대 학문의 건전한 핵심'을 거부하면서 목욕물과 함께 아기까지 버렸다고 한탄했다.[94] 그러나 그 핵심이 이 지점에서 도대체 구제될 수 있었는지 물을 수 있을 것이다. 4세기에 이교주의는 일종의 살아 있는 시체처럼 나타났으며, 국가가 보조하는 손을 떼는 순간 붕괴하기 시작했다. 그리고 주술과 훈계의 혼합을 통해 그것을 소생시키려는 율리아누스의 시도가, 비록 그가 자신의 프로그램을 실행할 수 있을 만큼 살았더라도, 어떤 지속적인 성공을 거둘 수 있었을 것이라고 믿기 어렵다. 활력은 사라졌다. 팔라다스

---

93) Synesius, *Epist.* 105; Nemesius, *Nat. hom.*, 2, *P. G.* 40, 572 B; Greg. Nyss., *P. G.* 44, 1313 A; 46, 104 BC, 133 D.

94) Nilsson, *Gesch.*, II, p. 682.

가 교육받은 이교도들의 마지막 세대에 대해 말하면서 표현한 것처럼 말이다. "만약 우리가 살아 있다면, 삶 그 자체가 죽은 것이다."[95] 기독교가 성공한 원인 가운데 하나는 상대가 약하고 지쳐 있었다는 것이다. 이교는 학문과 자신, 이 양자에 대한 믿음을 상실했다.

한편, 기독교는 그것을 위해 죽을 가치가 있는 것으로 보였기 때문에 살 가치도 있다고 판단되었다. 루키아노스, 마르쿠스 아우렐리우스, 갈레노스와 켈수스는 모두 자신도 모르게 죽음과 고문에 직면한 기독교인들의 용기에 감명을 받았다.[96] 그리고 저 용기가 많은 개종의 출발점이었음이 분명하다(유스티누스는 그 한 예이다).[97] 우리는 정치적 순교에 대한 근대적 경험으로부터 순교자들의 피가 실제로 교회의 씨앗임을 안다. 언제나 그 씨앗이 알맞은 토양에 떨어지고 너무 빽빽하게 심어지지 않는 한 말이다. 그러나 기독교 통치하에서 이교도 순교자는 거의 없었다. 기독교가 더 관용적이었기 때문이 아니라, 이교가 그 당시 목숨을 걸기엔 너무 초라한 것이었기 때문이다.

물론, 기독교의 성공에는 다른 이유도 있었다. 나는 기독교 신조의 내재적인 장점을 논하지는 않겠다. 그러나 나는 그것의 성장을 돕고 승리에 이바지한 몇 가지 심리적 조건들을 언급하면서 이 장을 매듭지을 것이다.

---

95) *Anth. Pal.*, 10.82. 신플라톤주의는 아테네에서 529년에 이르기까지 이교도들에 의해 계속해서 가르쳐졌지만, 시네시오스가 그 도시를 방문했을 때, 그는 오직 이전의 지적 삶의 '껍데기'만 발견할 수 있었다(*Epist.* 136).

96) Lucian, *Peregr.*, 13 ; M. Ant., 11.3 ; Walzer, *Galen*, p. 15 ; Origen, *c. Cels.*, 8.65. Cf. Epict., 4.7.6.

97) Justin, *Apol. ii*, 12.

우선 기독교의 배타성 자체, 대안적인 숭배 형태들에 대한 가치 부여의 거부, 이것들은 오늘날 종종 약점으로 느껴지지만, 그때 상황에서는 강함의 원천이었다. 보통의 그리스-로마적인 관행이었던 종교적 관용은 당혹스러운 대안들의 집적체를 낳는 결과를 가져왔다. 선택하기에는 너무나 많은 숭배와 너무나 많은 비의, 너무나 많은 삶의 철학이 있었다. 여기서 당신은 하나의 종교 보험 위에 다른 것을 계속 쌓을 수 있지만, 그런데도 안심할 수 없다.[98] 기독교는 깨끗하게 청소했다. 그것은 개인의 어깨 위에 있는 자유의 짐을 내려 주었다. 하나의 선택, 취소할 수 없는 선택 그리고 구원의 길이 분명했다. 이교도 비평가들은 기독교의 비관용을 비웃겠지만, 불안의 시대에는 '전체주의적' 신조가 강력한 매력을 펼친다. 오직 우리 자신의 시대에 수많은 혼란스러운 마음들에 공산주의가 지닌 호소력을 생각하기만 하면 된다.

둘째, 기독교는 모두에게 개방되어 있었다. 원칙상 사회적 차별을 하지 않았다. 기독교는 수공업자, 노예, 추방자, 전과자를 수용했다. 또한 비록 우리가 다루는 시기 동안 교회는 강한 위계적 구조로 발전했지만, 그 위계는 재능 있는 이들에게 개방형 경력 체계를 제공했다.[99] 무엇보다도, 기독교는 신플라톤주의처럼 교육을 요구하지 않았다. 클레멘스

---

98) Cf. Festugière, *Révélation*, I, pp. 10~14. 의례 집적의 예로 4세기 지방 총독의 부인이었던 파비아 아코니아 파울리나의 경우를 들 수 있다. 그녀는 엘레우시스, 레르나, 아이기나, 이시스 의례의 입문자였고, 타우로볼리움(신에게 황소를 희생제물로 바친 의식)을 받았으며, 나아가 헤카테 신비 의식의 사제였다(*C. I. L.*, VI, 1780=*I. L. S.*, 1260).

99) Cf. Momigliano, *Conflict*, pp. 9~11. 오리게네스는 그의 시대에 사제직이 일종의 경력으로 간주되기 시작했으며, 야심 있는 이들을 끌어올 수 있었음을 인정한다(*c. Cels.*, 3.9). 또한 그는 아테네와 알렉산드리아와 같은 도시에서 교회의 행정은 결코 잘못이 없진 않지만 도시 행정에 비해 우월함을 주장한다(*Ibid.*, 3.30).

는 단순한 이들의 유별난 신앙에 미소 지었을 법하고, 오리게네스는 신에 대한 참된 지식은 '소수 가운데 아주 소수'로만 제한된다고 선언했을 법하다.[100] 하지만 (아서 녹이 한 번 표현한 대로) '신에 대한 봉사에서 통과와 우등 등급'이라는 관념은 원래 기독교의 정신에 낯선 것이었고, 내체로 그렇게 남았다. 2세기, 심지어 3세기에도 기독교 교회는 여전히 주로 (많은 예외가 있었지만) 상속권을 박탈당한 자들의 군단이었다.[101]

셋째, 지상의 삶이 점점 더 가치 절하되고 죄책감이 널리 퍼진 시기에 기독교는 상속권을 박탈당한 자들에게 다른 세상에서의 더 나은 상속을 조건부로 약속했다. 몇몇 이교 경쟁자도 그렇게 했다.[102] 그러나 기독교는 더 큰 채찍을 휘두르고 더 단 당근으로 달랬다. 그것은 공포의 종교로 비난받았고, 엄숙주의자들의 손안에서는 분명 그랬다. 그러나 그것은 또한 생생한 희망의 종교였다. 그것이 거친 용어로, 가령 파피아스에 의해 묘사되든[103] 아니면 클레멘스와 오리게네스에 의해 합리적인

---

100) Origen, *De oratione*, 24.2. 그러나 그는 대중의 요구에 무심하지 않았다. "배움과 학문을 통해 교육받은 사람들에게만 주목하는 자들은 공동체에 유익한 것을 매우 제한되고 좁은 무리에 한정한다"(*c. Cels.*, 6.1).

101) Cf. Justin, *Apol. ii*, 10.8; Athenag., *Leg.*, 11.3; Tatian, *Orat.*, 32.1; Min. Felix, *Oct.*, 8.4; 12.7. 오리게네스는 대다수 기독교인이 '저속하고 무식한 사람'이라는 것을 받아들이지만, 이교도도 마찬가지라고 암시한다(*c. Cels.*, 1.27). 심지어 3세기 말에도 기독교는 "여전히 주로 중하층 계급에 제한되었고, 귀족층에 그다지 인상을 주지 못했다"(A. H. M. Jones in Momigliano, *Conflict*, p. 37). 그러나 물론 오래전부터 중요한 예외들이 있었다(cf. Harnack, *Mission*, II, pp. 36~42): 퀴프리아누스는 기독교 원로들과 기사들(equites)을 겨냥한 특정 조치들을 지시했다(Cyprian, *Epist.* 80.1). 그리고 클레멘스의 『교육자』(*Paidagogos*)는 분명 상류층을 위해 집필되었다.

102) Cf. Nock in *Harvard Theological Review*, 25, pp. 344~54.

103) 클레멘스에 따르면, 많은 기독교인은 처벌에 대한 공포와 보상에 대한 희망에 의해 (잘못) 행동하게 되었다(*Strom.*, 7.69.8). 파피아스에 대해서는 Iren., *Haer.*, 5.33.3. f.; Eus., *Hist. Eccl.*, 3.39.12를 참조하라. 공포의 종교와 관련해서 켈수스는 예언자들에 의해 발설된 끔찍한 위협들을 알았다(*c. Cels.*, 7.9).

표현으로 제공되든 말이다.

포르피리오스는 예전의 다른 이들처럼 오직 병든 영혼에게만 기독교가 필요하다고 말했다.[104] 그러나 병든 영혼이 우리가 다룬 시기에는 많았다. 페레그리노스와 아일리우스 아리스테이데스는 고립된 열광자가 아니다. 포르피리오스 자신도 자살을 생각할 만큼 아팠으며, 이 세기들에 수많은 사람이 의식적으로 또는 무의식적으로 죽음과 사랑에 빠져 있었다고 생각할 증거가 있다.[105] 그러한 사람들에게 이 세계에서 명성과 다음 세계의 축복을 가져다주는 순교는 기독교의 매력을 더할 수밖에 없었다.[106]

그러나 마지막으로, 기독교인이 되는 것의 혜택은 내세에만 있는

---

104) Porph., *Adv. Christ.*, fr. 87. 그 자신의 μελαγχολικὴ νόσος[우울증]은 *Vit. Plot.*, 11.11 ff.를 보라.

105) 기독교인들 사이에 자발적 순교의 빈도가 높았음은 루키아노스(*Peregr.*, 13: "그들 대다수는 자발적으로 자신을 포기했다"), 켈수스(Origen, *c. Cels.*, 8.65) 그리고 클레멘스에 의해 증언된다. 클레멘스는 (율리아누스가 나중에 그랬던 것처럼: *Epist.* 89 b Bidez-Cumont) 그러한 사람들은 죽음에 대한 동경(deathwish)으로 ─ θανατῶντες[죽기를 바라면서] ─ 행동한다고 말한다(*Strom.*, 4.17.1). 흥미롭게도 에픽테토스(1.9.11)는 젊은 이교도들 사이에 있었던 죽음에 대한 동경을 알았고, 그것을 자제할 의무감을 느꼈다. 그리고 세네카는 "affectus qui multos occupavit, libido moriendi"[많은 이를 사로잡은 정념, 죽음의 충동]에 대해 말한다(*Epist.* 24.25). 순교를 향한 갈구의 병리학적 성격은 이그나티우스(*Ad Rom.*, 4)의 거친 언어에서 분명해 보인다. 테르툴리아누스(*Ad Scap.*, 5)가 묘사한 기독교인의 집단적인 자기-부정(이것은 당황한 관료들로 하여금 덜 골치 아픈 죽음의 방식들을 지적하도록 몰고 갔다)과 아버지와 나란히 고통받으려는 젊은 오리게네스의 욕망(Eus., *Hist. Eccl.*, 6.2.3~6)에 대해 좀 더 건강한 동기들이 제안될 수 있다. (오리게네스의 자제가, 카디우가 제안하듯이 그의 어머니가 그를 속여서 순교 대신 행하게 한 순교의 대리물이었을까? Cadiou, *La Jeunesse d'Origène*, p. 38.) 그러나 교회의 지도자들은 일반적으로 자발적인 순교를 말렸다(cf. *Mart. Polycarpi*, 4; Clem., *loc. cit.*). 이 주제 전체에 대해서는 녹의 예리한 언급(*Conversion*, pp. 197~202)과 Croix in *Harvard Theological Review*, 47, pp. 101~3을 참조하라.

106) 순교의 보상은 상당히 많았다. 만약 '고백자'가 고문을 견뎌서 살아남으면, 동료 기독교인들 사이에서 높은 명망을 누렸다. 만약 죽는다면, 숭배의 대상이 되고 망자들 사이에서 특권적인 지위를 가질 것을 기대할 수 있었다. 테르툴리아누스에 따르면(*De anima*, 55), 재림 전에는 오직 순교자들만이 천국에 도달할 것이다.

것이 아니었다. 기독교 회중은 1세기부터 이시스나 미트라의 어떤 신도 집단보다도 훨씬 충실한 의미에서 공동체였다. 구성원들은 단지 공동 의례뿐만 아니라, 공동 생활 방식에 의해서, 그리고 켈수스가 빈틈없이 감지했듯이[107] 공동 위험에 의해 결합하였다. 포로나 다른 고난에 처한 형제들을 돕기 위해 물질적 도움을 주는 데 있어 기독교인들의 신속함은 기독교 저자들뿐만 아니라, 호의적인 증인과는 아주 거리가 먼 루키아노스에 의해서도 보증된다.[108] 이웃에 대한 사랑이 오직 기독교적 덕인 것은 아니다.[109] 그러나 우리가 다룬 시기에 기독교인들은 다른 어떤 집단보다 그것을 훨씬 더 효과적으로 실천했던 것으로 나타난다. 교회는 사회적 안전의 기본을 제공했다. 과부와 고아, 노인, 실직자 그리고 장애인을 돌보았으며, 빈자에게는 장례 비용을 대 주었고, 역병이 도는 시기에는 간호 서비스를 제공했다.[110]

---

107) c. Cels., 1.1.

108) Peregr., 12 f.

109) 나는 이웃에 대한 사랑이 "그때까지 고대 세계에는 알려지지 않았다"라는 폴렌츠의 주장을 이해할 수 없다(M. Pohlenz, Die Stoa, 1948, p. 407). Cf. Pliny, N. H., 2.7.18: "deus est mortali iuvare mortalem"[신이란 필사자에게 필사자를 돕는 것이다]; M. Ant., 7.13: 우리는 "마음으로부터" 서로를 사랑해야 한다; 7.22: "심지어 잘못을 범한 사람들마저 사랑하는 것이 인간의 적절한 자질이다"; Porph., Ad Marc., 35: 인간애는 경건의 토대이다; 다른 구절들은 다음에서 인용되고 논의되었다. A. Dihle, Die Goldene Regel, 1962, pp. 61~71, 117~27. 이교의 인간애적 (자선) 제도에 관해서는 H. Bolkestein, Wohltätigkeit und Armenpflege im vorchristlichen Altertum, 1939 참조. 그러나 3세기의 이교 세계에서 인간애는 실천되기보다는 자주 설교되었다. 그것은, 로스톱체프가 말했듯이 "증오와 시기가 도처에 팽배한 세계였다. 농부들은 지주들과 관리들을 미워하고, 도시 프롤레타리아는 도시 부르주아지를 미워했으며, 군대는 만인에게 미움의 대상이었다"(Social and Economic History of the Roman Empire, p. 453). 기독교는 삐걱거리는 요소들을 효과적으로 통합할 수 있는 힘이었다. 그렇기 때문에 콘스탄티누스에게 매력적이었다.

110) 특히, Aristides, Apol., 15.7~9 Goodspeed; Justin, Apol. i, 67.6; Dionysius of Corinth (c. 160) apud Eus., Hist. Eccl., 4.23.10. 충실하고 인상적인 개관으로 Harnack, Mission, I, pp. 147~98 참조.

그러나 내가 생각하건대, 이러한 물질적인 혜택보다 더욱 중요한 것은 기독교 공동체가 줄 수 있었던 소속감이었다. 근대의 사회학 연구는 '소속할 필요'의 보편성과 그것이 인간 행위, 특히 대도시에 뿌리를 내리지 못하는 거주자들의 행위에 영향을 끼치는 기대치 못한 방식들을 깨닫게 했다. 내가 보기에 그것이 고대에는 달랐다고 볼 이유가 전혀 없다. 에픽테토스는 자신의 추종자들 가운데 누군가를 괴롭힐 수 있었을 법한 지독한 외로움을 우리에게 묘사해 주었다.[111] 그러한 외로움을 수백만이 — 도시에 온 부족민, 일자리를 구하려고 도시에 온 농부, 제대한 군인, 물가 상승에 의해 생계가 피폐해진 연금수령자 그리고 해방 노예들이 느꼈음에 틀림없다. 그러한 상황에 처한 사람들에게 기독교 공동체의 일원이 된다는 것은 자존감을 유지하고 삶에 어떤 의미 같은 것을 부여하는 유일한 길이었을 법하다. 공동체 안에 인간적 온기가 있었다. 누군가 그들에게, 여기에서 그리고 또한 이후에도, 관심을 가진다. 그러므로 기독교의 가장 이른 그리고 가장 현저한 발전이 대도시에서 — 안티오키아, 로마, 알렉산드리아 — 이루어진 것은 놀랍지 않다. 기독교인들은 형식적 의미 이상으로 '서로에게 소속된 일원'이었다. 나는 이것이 기독교 전파의 주요 원인, 아마 가장 강력한 하나의 원인이었다고 생각한다.[112]

---

111) Epict., 3.13.1~3.

112) Cf. A.-J. Festugière in *Revue de Théologie et de Philosophie*, 1961, p. 31: "그것이 없었다면, 세계는 여전히 이교적이었을 것이다. 그리고 더 이상 그것이 없는 날에 세계는 다시 이교적이 될 것이다." 율리아누스는 비슷한 견해를 가졌던 것으로 보인다. 그는 기독교의 성공을 '이방인을 향한 그들의 인간애, 망자의 매장을 위한 돌봄과 자칭 생활 방식의 엄격성'에 돌린다(*Epist.* 84 a Bidez-Cumont, 429 d; 앞의 47~48쪽 참조).

옮긴이 후기

에릭 R. 도즈가 1965년 『불안의 시대 이교도와 기독교인』을 출간했을 때, 이 책이 반백 년이 지난 후 한국어로 번역되어 독자를 만날 것이라고는 예상하지 못했을 것이다. 또한 이 책을 발견한 독자는 20세기 서양 고전학 분야 연구의 거대한 봉우리 가운데 하나를 마주하고 있다는 사실을 실감하지 못할 수 있다. 지구화 시대를 살아가는 우리는 서양 고대 문명사를 더 이상 다른 세계의 이야기가 아니라, 우리의 세계사로 배우고 있다. 하지만 고대 그리스와 로마는 수많은 시공간적 한계를 넘어야 닿을 수 있는 낯선 세계이기도 하다. 이 낯선 세계로의 정신적 모험을 인도할 길잡이로 도즈와 견줄 만한 사람을 찾기는 쉽지 않다.

도즈는 호메로스에서 시작하여 에우리피데스와 플라톤을 거쳐 플로티누스와 프로클로스에 이르기까지, 서양 고대 문명의 주옥같은 문헌들을 편집하고 해설했을 뿐만 아니라 이성주의로 대표되는 이 고대 문명의 비이성적 이면을 끈질기게 파고들었다. 그가 남긴 책들은 여전히 학술적 가치를 인정받고 있으며 널리 읽힌다. 그 가운데 『불안의 시대 이교도와 기독교인』은 서양 고대 후기 연구에 지대한 영향을 끼쳤으며, 이 분야의 연구자들에게는 필독서로 자리 잡았다. 도즈는 원래 교양 대중을 위한 강연들로 이루어진 본문에다가 심화 연구를 원하는 독자를 위한 상당 분량의 각주를 추가하여 이 책을 출간했다.

이 책은 서양 고대 후기, 특히 로마의 평화(Pax Romana)가 저물기 시작한 마르쿠스 아우렐리우스 즉위부터 기독교를 공인한 콘스탄티누스 대제의 개종에 이르는 시기의 종교를 다룬다. 이 시기의 로마 제국은 정치·사회·경제적인 불안정과 더불어 심각한 지적·도덕적 불안정을 겪었다. 이 책은 종교의 거울에 비친 이 불안한 시대의 모습을 그려 준다.

서양사에서 고대 후기는 로마 제국의 쇠망과 기독교의 부상이라는 문명사적 일대 변화가 일어난 시기로 기억된다. 도즈는 제국의 멸망을 단순히 내세 지향적인 기독교의 책임으로 돌리지 않는다. 그 대신, 로마 제국의 물질적 쇠망이 장기간에 걸쳐 광범위하게 전개된 세계에 대한 정신적 전망의 변화와 밀접한 관계를 맺고 있다고 진단하고, 기독교의 부상을 이러한 세계 전망의 변화라는 큰 흐름 속에서 파악하려고 시도한다. 그는 무엇보다도 '불안의 시대'를 살다 간 사람들, 즉 기독교인뿐만 아니라 이교도의 종교적 경험에 주의를 기울인다.

여기에서 '이교'(異敎)는 기독교의 관점에서 다른 종교, 정확하게는 고대 그리스-로마의 전통 종교를 가리킨다. '이교도'로 번역된 'pagan'은 원래 시골뜨기, 못 배운 사람을 뜻하는 라틴어 'paganus'에서 나왔으며, 고대 그리스-로마의 전통 종교를 따르는 자를 폄훼하는 말로 도입되었다. 하지만 도즈는 종교적 불가지론자의 입장을 표방하기 때문에 특정 종교의 견지에서 타종교를 평가하지 않는다. 사실 그는 그리스-로마의 이교 전통에 비해 기독교 전통, 특히 교부들에 대한 자신의 이해가 부족함을 아쉬워했다.

이 책은 집단 차원의 종교적 제의나 공식 교리보다는 개인 차원의 종교적 심리에 초점이 맞춰져 있다. 따라서 도즈는 환시, 예언, 신들림, 탈혼 및 신비적 합일(unio mystica) 등의 실질적인 종교 체험에 관한 기록들을 연구 대상으로 삼는다. 그런데 개인의 심리적 경험에 대한 기록이나 증언은 그 자체가 해석의 산물이다. 도즈는 개별적 경험의 해석과 표현에 적용되거나 반영된 다양한 표상과 관념을 규명하기 위해 방대한 양의 신화적·문학적·철학적 문헌들을 참조한다.

하지만 고대 후기를 '불안의 시대'로 만든 것은 몇몇 개인의 불안이 아니다. 도즈가 분석과 해석의 대상으로 삼은 개인들의 경험은 그 시대에 만연했던 불안 증세의 구체적 예시이다. 도즈는 기독교인과 이교도를 가리지 않고 전염병처럼 퍼진 이 시대적 불안을 인간 내면에 깊이 뿌리내린 죄의식과 연결시킨다. 또한 이 죄의식이 어떻게 외부 세계의 경멸, 육체에 대한 증오, 내면으로의 침잠, 내세로의 도피 등의 양상으로 전개될 수 있었는지를 보여 준다. 나아가, 이러한 일반적인 불안이 로마 제국의 쇠망뿐만 아니라 기독교의 성공을 설명해 주는 요인임을 암시한다. 그의 분석에 따르면, 기독교는 교회 공동체를 통해 사회적 안전뿐만 아니라 심리적 안정을 제공해 주었다. 그는 기독교 공동체가 주는 소속감이 기독교 전파의 가장 강력한 요인이었을 것으로 추측한다.

이 책에서 도즈는 '불안'이라는 주제를 중심으로 서양 고대 후기의 기독교인과 이교도에게 공통된 경험과 태도를 부각시킨다. 하지만 그는 기독교와 이교 사이의 중요한 차이점들을 묵과하지는 않았다. 특히, 신비주의에 대한 정교한 논의는 종교적 경험에 대한 다양한 해석의 미묘한 차이를 보여 준다. 게다가, 그는 이 책의 마지막 장에서 기독교와 이교 사이의 교류와 갈등을 여러 국면으로 구분하여 세부적으로 다룬다.

이 책이 출간된 이후 —— 부분적으로는 이 책의 성공에 힘입어 —— 서양 고대 후기의 종교와 철학에 대한 연구가 비약적으로 발전했다. 도즈가 고대했던 플로티누스 전작의 편집 및 번역이 20세기 후반에 대대적으로 이루어졌고, 1945년 이집트의 나그-함마디 사막에서 발굴된 영지주의 문헌도 편집 과정을 거쳐 서양의 주요 언어로 번역되었다. 또한 기독교 교부들에 대한 연구에 큰 진척이 있었다. 사실 도즈가 관심을 기울인 신플라톤주의, 영지주의, 기독교의 관계는 현재 국제 학계의 가장 뜨거운 연구 관심사 가운데 하나이다.

불안한 사람들이 많이 사는 시대가 불안의 시대이다. 그런데 불안하지 않은 사람들이 과연 얼마나 될까? 인간 존재의 불완전성과 인간사의 불확실성은 심리적 불안을 거의 당연지사로 만든다. 하지만 인간의 역사 중 불안에서 해방되어 안심으로 이르는 길을 찾는 노력은 포기되지 않았다. 이 점에서 인간의 역사는 불안의 역사이자 불안 극복의 역사이기도 하다. 서양 고대 후기의 불안은 우리 시대의 불안을 되돌아보게 한다. 우리 자신의 '불안의 시대', 기독교인과 다른 종교인, 나아가 비종교인은 어떻게 살고 있으며, 그들에게 종교는 어떤 의미를 지니는가?

이 번역서의 출간을 흔쾌히 수락해 주신 그린비출판사 유재건 대표님과 고된 편집 작업을 맡아 수고를 아끼지 않으신 임유진 선생님, 신효섭 선생님께 깊이 감사드린다. 수업 시간에 이 짧지만 빡빡한 책을 함께 읽었던 경희대 철학과 학생들에게도 고마움을 전한다. 학생들을 당황하게 했던 각주 속 그리스어, 라틴어 원문들을 번역하면서 고전학자 도즈의 해박함이 한국의 독자에게도 쓸모가 있길 바랐다. 마지막으로, 이 책이 한국에서 서양 고대 후기에 대한 관심과 이해를 높이는 데 작은 보탬이 되길 소망한다.

2021년 인왕산 자락에서

송유레

찾아보기

열린 철학의 공간, 그린비 '철학의 정원'

불안의 시대 이교도와 기독교인
마르쿠스 아우렐리우스부터 콘스탄티누스까지 종교적 경험의 몇 가지 측면

초판1쇄 펴냄 2021년 12월 16일

지은이 에릭 R. 도즈
옮긴이 송유레
펴낸이 유재건
펴낸곳 그린비
주소 서울시 마포구 와우산로 180, 4층
대표전화 02-702-2717 | **팩스** 02-703-0272
홈페이지 www.greenbee.co.kr
원고투고 및 문의 editor@greenbee.co.kr

주간 임유진 | **편집** 홍민기, 신효섭, 구세주, 송예진 | **디자인** 권희원, 이은솔 | **마케팅** 유하나, 육소연
물류유통 유재영, 한동훈 | **경영관리** 유수진

學問思辨行: 배우고 묻고 생각하고 판단하고 행동하고

독자의 학문사변행을 돕는 든든한 가이드 _그린비 출판그룹

그린비 철학, 예술, 고전, 인문교양 브랜드
엑스북스 책읽기, 글쓰기에 대한 거의 모든 것
곰세마리 책으로 통하는 세대공감, 가족이 함께 읽는 책